50에
시작해도 늦지 않는
부동산 투자

KB066464

50에 시작해도 늦지 않는 부동산 투자

태재숙(태작가) 지음

센시오

늦어도 괜찮다,
아직 기회는 많다

50대가 되기 전, 남편과 나는 사업밖에 몰랐다. 밤낮없이 사업에 매달리며 그것이 부를 쌓는 지름길이라고 생각했다. 부동산에는 관심이 없어서 내 집 없이 전세를 얻어 살았다. 전세를 살아도 불편한 것을 느끼지 못했다. 사업체와 가까운 아파트, 아이들 가르치기 좋은 동네로만 이사 다녔기 때문이었다.

문제는 갑작스레 사업을 접게 된 50세 이후에 닥쳤다. 꾸준히 들어오던 수입이 끊기자 지금까지 모은 돈을 쓰면서 살

다가는 노후는커녕 가까운 앞날도 장담할 수 없을 것 같았다.

그때부터 계속 '사업하며 어렵게 모은 돈을 어떻게 지켜야 할까.'라는 생각이 떠나지 않았고 잠을 이루지 못했다. 그러던 중 우연히 참가한 어느 재테크 박람회에서 부동산 강의를 들은 후 '이게 방법이 아닐까?' 하는 희망을 발견했다. 이후 본격적으로 부동산 공부를 시작했고 54세에 아파트 한 채를 사면서 부동산 투자자의 길로 들어섰다.

당시 첫 물건을 샀을 때, 친분이 있는 부동산 중개인은 서울 아파트값은 고점에 들어섰다며 애초부터 사는 것에 반대했고 지인들은 은퇴 자금 잃으면 어떻게 살 거냐며 걱정스러운 눈빛으로 나를 바라봤다.

나는 지금까지 모은 돈이라도 지키고 싶다는 절박한 마음뿐이었다. 열심히 사업해서 모은 돈을 그대로 둘 수는 없었다. 자산이 줄어드는 게 눈에 보였기 때문이다. 늦게 시작했기에 남들보다 더욱 열심히, 더욱 부지런히 공부했다. 그렇게 첫 투자를 시작한 지 5년이 지났을 때 나는 70억 원 자산가가 되어 있었다.

그 5년 동안 부동산 정책이 26번 바뀌었고, 규제가 나날이 강화되었다. 그럴 때마다 나는 애써 모은 돈을 다 잃을까 봐 마음 졸여야 했다. 그러나 나는 내가 틀리지 않았음을 넌지시 알고 있었다. '이 정도면 좋은 물건이네.' 같은 감으로 한 선택이 아니었고, 열심히 공부하고 분석하고 매물끼리 비교하며 한 선택이었기 때문이었다.

아마 사업을 계속했다면 그 정도 자산을 결코 모을 수 없었을 것이다. 처음에는 공부를 한 줄이라도 더 하기 위해서, 정보를 하나라도 더 얻기 위해서, 사고 싶은 매물이 과연 좋은 물건인지 알아내기 위해서 발품을 많이 팔았다.

지금도 여전히 열심히 공부하지만, 이제는 부동산 투자 강의를 하고 다른 사람에게 투자 조언도 하고 있다. 그 사람들이 투자에 성공하는 과정을 지켜볼 때마다 뿌듯함을 느낀다.

내가 강의할 때면 많은 분이 푸념한다.
"그때 그 집 살 걸 그랬어요. 지금 사기에는 많이 올랐죠? 집 살 타이밍 좀 알려주세요."

이렇게 묻는 분들도 대부분 알고 보면 과거에 아파트 한 채 정도는 살 수 있는 여유가 있었다. 그런데 조금 더 보태서 좋은 집, 좋은 동네에 가려고 하다가 부동산 시장이 폭등하자 때를 놓쳤다고 푸념하는 것이다.

나는 그런 분들에게 답한다.

50에 시작해도 늦지 않은 부동산 투자

"내 집이 없다면 지금이 타이밍입니다."

집을 살 타이밍만 재다가는 앞으로도 계속 사지 못한다. 일단 자신이 살 수 있는 가장 똘똘한 집 한 채를 산 뒤에 자산을 배분하는 게 우선이다. 똘똘한 집 한 채를 가지고 있다면 상급지로 갈아타기를 하면서 자산 규모를 늘려갈 수 있다. 지금 움직이지 않는다면 5년 뒤에도 같은 푸념을 하고 다시 같은 후회를 하게 된다.

"지금 부동산 시장이 안 좋아서 집값이 내려가고 있는데 큰돈으로 덜컥 부동산을 사도 될까요?"

이렇게 묻는 분도 있다. 나는 단호하게 말한다. 잘 고른 집 한 채는 결국 오른다.

지금 실시되고 있는 모든 규제와 정책은 다주택자를 향하고 있다. 지금 집을 살 수 있는 여력이 되는 무주택자라면 일단 아파트 한 채를 마련해야 한다. 물론 그 한 채를 살 때, 똘똘한 집 한 채를 만들 수 있는 공부가 필요하다. 그때 필요한 내용을 이 책에 담았다.

현재는 인플레이션 공포가 전 세계를 덮친 상황이다. 돈의 가치는 떨어지고 물가는 오르고 있다. 이런 상황에서 현금을 쌓아두고 있으면 매일 같이 손해를 보는 것과 같다. 돈

한 푼 안 쓰는데도 내가 힘들게 모은 돈의 가치가 떨어지고 있는 것이다.

물론 부동산 시장이 흔들릴 수는 있지만, 본격적인 상승이 시작된 2014년 이전 가격으로 가격이 회귀할 일은 없다. 아파트에 들어가 살고 싶은 사람은 많은데, 공급이 부족하기 때문이다. 게다가 물가가 상승하면 자잿값, 인건비, 땅값이 상승해서 새 아파트 분양가는 오른다. 실물 자산인 부동산이 가진 가장 큰 매력이다.

2014년 부동산 상승장이 시작되기 전, 부동산 침체를 우려하는 시선이 대다수였다. 그 좋지 않은 시장에서 아파트를 산 사람들과 집값 내려갈까 봐 집을 안 사람들의 현재 자산 격차는 상당하다.

경기가 좋지 않을수록 실물 자산인 부동산에 돈을 묻어 둬야 한다. 똑똑한 부동산은 불황에도 흔들리지 않는다. 그 똑똑한 한 채를 찾기 위한 공부가 필요하겠지만 막상 그 한 채를 마련하면 노후를 크게 걱정하지 않아도 된다. 특히 다른 연령대보다 자산 규모가 큰 50대는 하루라도 빨리 실물 자산에 올라탈 준비를 해야 한다.

부동산 투자가 처음이라면 준비 과정이 어려울 수도 있

다. 어디서부터 공부해야 하고, 어떤 곳, 어떤 매물을 찾아야 할지 감이 안 잡힐 수도 있다. 이럴 때 주변 사람들 말만 믿고 투자했다가는 오히려 부동산에 돈이 묶여 큰 피해를 입을 수도 있다. 따라서 철저한 준비와 공부가 우선이고 그다음이 실행이다. 공부만 하고 움직이지 않는다면 매 순간 알게 모르게 손해를 입고 있는 것이다.

나에게 부동산 투자를 어떻게 시작해야 할지, 어떤 물건이 좋은지 상담을 요청하는 분 중에는 50대가 유독 많다. 대부분 평범하게 직장생활을 하던 분들이다. 은퇴 시기가 다가오자 지금까지 힘들게 모은 돈을 어떻게 해서든 지켜내고 싶은 분들이다. 아직 내 집이 없는 사람도 있고, 집 한 채 가지고 있는 분도 있다. 주변에서 권해서 소형 아파트나 오피스텔을 가지고 있는 분도 있다.

나는 그들의 이야기를 듣고 길을 안내한다. 이게 내가 지금 이 책을 쓰게 된 이유다. 나처럼 늦은 나이에 시작하는 사람들에게 공부하는 시간을 줄여주고, 지금까지 내가 발품 팔며 익힌 노하우를 전하고 싶어서다.

나 스스로가 50대가 넘어서 부동산 투자를 시작했기에 그들의 고충을 잘 안다. 어디서부터 시작해야 할지, 어느 정도의 돈이 있으면 시작할 수 있을지조차 막막하다. 그래서 내가 처음 힘들게 공부를 시작했을 때를 되새기며 아직 부동산 투자에 익숙하지 못한 50대에게 도움이 될 만한 내용과 투자 성공 사례를 실었다.

50대, 지금 시작해도 늦지 않았다. 지금 시작해도 남부럽지 않은 똘똘한 집 한 채를 가질 수 있다. 내가 그랬고, 내가 상담한 많은 분이 50에 시작해서 풍족한 노후를 보낼 준비를 끝냈다. 그 길을 여러분과 함께 가고 싶다.

PART 1

나는 54살에 부동산 투자를 시작해 5년 만에 70억 원을 모았습니다

절대 잃지 않는 50대 부동산 투자 방법을 공개합니다

부동산 투자, 50에 시작해도
이것만 알면 성공합니다

PART

1

나는 54살에 부동산 투자를 시작해
5년 만에 70억 원을 모았습니다

1
50에 시작해도
늦지 않는 이유

나는 사업이 아니면 부자가 될 길이 없다고 생각했다. 밤낮없이 일에 매달렸다. 그런데 예기치 않은 폐업으로 하루아침에 사업체가 사라지는 상황에 맞닥뜨렸다. 내가 54세 때였다. 그동안 사업해서 모은 돈을 잃을 수 없어 길을 찾다가 '머니쇼'와 인연을 맺게 됐다.

머니쇼는 매일경제에서 주최하고, 매년 5월 코엑스에서 개최하는 재테크 박람회다. 3일간 개최하는 행사로 금융, 부동산 등 재테크 분야의 유명인들이 나와 강의를 했다. 그중

한 강의를 듣고 나서 본격적으로 부동산 공부를 시작했다. 그곳에서 정말 다양한 부자를 만날 수 있었는데, 그들과 마주칠 때마다 한 가지 궁금점이 생겨났다.

'나와 부자의 차이점은 무엇일까?'

이 궁금점은 그들과 이야기를 나누면서 풀렸다. 나는 그동안 돈이 없어 투자를 못하고, 그래서 부자가 될 수 없다고 생각했다. 이 생각이 부자와 나의 차이였다.

부자는 부자가 되는 길과 방법을 이미 알고 준비하고 있었으며 끊임없이 실행했고 결과를 낳았다. 그들은 노동력으로 돈을 버는 것보다 자본력으로 돈을 버는 게 자본을 축적하는 훨씬 빠른 길임을 일찍 깨달은 사람들이었다. 자본으로 자본을 만드는 방법을 고민하고 더 빠른 속도로 부를 쌓기 위해 모인 자리, 내가 50대에 폐업하고 찾아간 곳이 그 공부를 하는 곳이었다.

그곳에서 만난 46세 C씨는 남편은 직장인이고, 본인은 아르바이트를 하며 재테크 공부를 하고 있었다. C씨는 2016년 3월에 반포주공 1단지 42평형을 26억 원에 매입했다. 그 당시에는 대출 규제가 없어 60~70%가 나왔던 시기다. 전세금 5억 원을 끼고 대출금 60% 15억 6,000만 원을 받아 실투자금 10억 원 안팎에 부동산을 매수한 것이다. 현재 이 재건축 아파트는 이주가 진행 중이다. 지금은 호가가 65억 원으로 강남에 있는 마지막 저층 재건축 단지다. 나중에 입주할 때 추가부담금 없이 42평, 24평 두 채를 받고 현금도 몇 천만 원 환급받는다.

주변 50대에게 이런 사례를 이야기하면 보통 이런 반응을 보인다.

"그때는 부동산 상승장 직전 아니었습니까?"

6년 전에도 10억 원이면 적은 돈이 아니었다. 더구나 당시는 서울 아파트 가격이 고점을 찍었다는 전문가들의 목소리가 언론을 통해 연일 쏟아져나오던 때였다. 그런데 그 거금을 낡은 집 한 채를 사는 데 쓴 것이다. 그 돈이면 새 아파트에 들어갈 수도 있었고, 더 넓은 집에 들어갈 수도 있었다. C씨는 어쩌면 평생 한 번 쓸 수 있을 법한 큰돈을 반포주공을 사는 데 썼다. 그러면 이런 사례는 어떤가.

개인 사업을 하던 59세 P씨는 2000년 초반에 산본 20평형 아파트를 매수했다. 그곳에서 생활하다 2007년 리먼사태 전후 가격이 출렁이기 시작하자 매도했다. 개인 사업의 특성상 수입이 불규칙한 데다가 살 수 있는 적당한 아파트는 마음에 들지 않아 차일피일 관망했다. 그러다가 최근 5~6년 동안 부동산 시장을 접하고 많은 생각을 하게 되었다. 고민 끝에 2019년 인천 송내역 근처 재개발 예정인 25평 빌라를 전세 1억 원에 매매가 3억 6,000만 원, 실투자금 2억 6,000만 원에 매수했다. 이 구역은 2021년 11월 관리처분인가를 획득했고 2022년 2월 이주가 시작됐다.

재개발의 관리처분인가는 위험 요소가 다 제거됐다고 보면 된다. 권리가액은 3억 원으로 산정됐다. P씨는 프리미엄을 6,000만 원 주고 매입한 것이다. 지금 시세는 6억 원을 형성하고 있다. 요즈음의 아파트 신축 공사 기간은 3년이다. P씨가 60대 초중반이 되면 입주할 수 있다.

위 사례에 등장하는 두 사람 모두 기회를 잡은 것이다. 이 기회를 잡은 사람과 잡지 못한 사람은 무엇이 다를까? 두 사람은 자본주의 사회의 경제 원리를 정확히 알고 대응했다. 다시 말해 내가 일해서 버는 돈보다 자본이 더 크고 빠르게 돈을 키운다는 진리 말이다.

그렇다. 이 작은 깨달음의 차이가 우리의 현실엔 극명한 격차를 불러온다는 것을 최근 5년 동안 부동산 시장을 통해 철저히 체감했다. 내가 접한 부자들은 수업이 끝난 후 간단하게 차 마시는 시간을 가지면서 상대방 말에 귀 기울였다. 그리고 자신이 모르는 새로운 정보에 굉장한 관심을 둔다.

50에 시작해도 늦지 않은 부동산 투자

상대방과 대화할 때 자랑이나 과시를 하기보다 타인이 한 말 중에서 도움이 될 정보가 있는지 집중한다. 그리고 정보를 접하면 바로 찾아보고 검증 작업에 들어간다.

부자들은 머뭇거리지 않는다. 기회는 언제나 오지 않는다고 여기며 그 순간에 집중한다. 그리하여 투자할 물건을 발견하면 가격을 흥정하지 않고 그 타이밍을 놓치지 않으며 의사결정을 한다.

부자들은 돈은 숫자에 불과하다고 생각한다. 그리고 타이밍을 놓치면 돈으로도 기회를 잡을 수 없다고 확신하며 일을 추진한다. 미래가치가 있는 물건은 그 시기를 놓치면 나중에 몇 배를 주더라도 살 수 없다. 그것이 부자들의 통찰력이다.

그런 부자들과 함께하면서 자신을 돌아보았다. 나는 일만 열심히 해서 아끼고 절약하면 부자가 될 수 있다는 착각에 빠져 살았다. 그들과 만나게 된 것은 그야말로 큰 충격이었다. 그리고 알았다. 내가 그동안 아무리 발버둥 쳐도 생활이 나아지지 않는 근본적인 이유를 말이다.

지금까지 내가 알고 믿고 기댔던 것들은 부자와는 거리가 먼 오히려 가난한 사람의 심리였다. 지금이라도 사고를 바꾸지 않으면 가지고 있는 돈을 지키기는커녕 다 잃을 수 있다는 사실을 깨닫게 됐다. 그래서 더욱더 열심히 부동산 공부를 하기 시작했다. 현실이 나아지지 않는다면 스스로 바꾸어야 한다.

우리는 종종 일이 안 풀릴 때면 주변이나 주위 사람 탓으로 돌리곤 한다. 그러나 지금의 문제는 내가 낳았으며 나의 문제이지 타인 탓이 아니다. 지금 내가 부자가 아닌 것은 내가 투자하지 않았으며, 경제 공부를 하지 않았기 때문이다. 옆에서 누가 하지 말라고 말린 것도 아니다.

나는 사업을 접고 나서 서글펐고, 일이 뜻대로 안 풀리는 것에 원망도 많았다. 그런데 그런 마음가짐으로는 무엇도 할 수가 없었다. 오히려 폐업이라는 실패가 앞으로 삶을 재정립할 절호의 기회라는 것을 알아차릴 수 있었다.

그런 마음을 품고 나니 매일 같이 서울로 공부하러 가는 시간이 그렇게 기쁘고 행복할 수가 없었다. 막연하지만 미래로 나 있는 길과 희망이 보였다. 그렇게 공부를 시작한 지 2달 만에 부동산을 처음으로 매입했다. 지금까지 모은 돈을 모두 쏟아부은 격이라 두렵기도 했지만 일단 시작했다.

그 시작으로부터 5년 후, 나는 70억 자산가가 됐다. 나는 지금도 생각한다

'사업을 계속했다면 이런 성공을 거둘 수 있었을까?'라고

말이다.

　남편은 2007년 건설현장 단체급식 사업을 시작했다. 청주에서 살던 우리 가족은 첫 사업장인 인천으로 2009년에 이사를 했다. 당시 큰아들이 고등학교 1학년, 딸아이는 중학교 3학년이었다.

　사업을 시작하고 시간이 흐르자 통장에 돈이 쌓이기 시작했다. 하지만 투자할 생각은 하지도 못했다. 투자해 본 경험도 없고 투자의 가치를 몰랐다.

　시간이 지날수록 사업체가 늘어나면서 언제든지 신설 사업체에 투자할 사업자금을 준비하고 있어야 하는 상황이었다. 그렇게 사업을 확장하면서 딸을 미국에 유학 보내며 자녀교육에 아낌없는 투자를 했다.

　내 집 마련을 할 생각도 없이 전세를 얻어 살았다. 신축 아파트, 살기 편한 곳으로만 이사 다녔다. 그저 사업장으로 출퇴근하기 좋은 곳으로 옮기며 생활했다. 그 무렵에 부동산에도 관심이 있었다면 나는 지금보다 더 큰 부자가 될 수 있었을 것이다.

　부동산 공부를 시작하면서 느낀 것은 사업으로 돈만 버는 것이 전부가 아니라는 점이다. '자산 관리 지식이 없는 상태로 사업을 계속했다면 결국 돈을 지킬 수 없었겠구나'라는 생각이 들었다.

나는 2016년 6월에 서초구에 있는 17평 아파트를 8억 7,000만 원에 매수했다. 그중 대출금이 4억 원이었으니 실투자금은 4억 7,000만 원이었다. 2017년 10월 사업시행인가를 받았고 2018년 12월 관리처분인가가 났다. 2018년 12월 30일까지 관리처분인가를 신청한 단지는 재건축초과이익환수를 면하게 된다. 따라서 진행이 빨랐고 재건축초과이익환수제도 면했다. 운 좋은 경우라고 할 수 있다.

재건축은 일반분양과 조합원분양가의 가격 차이가 있다. 여기서부터 차익을 보고 출발하는 것이다. 내가 매입한 부동산은 분양가상한제 적용을 받은 단지로 분양가가 주변 시세의 반값 수준이었기 때문에 입주권 프리미엄이 높은 부동산이었다.

이 물건은 2022년 하반기 일반분양을 앞두고 2022년 1월 평형 신청에서 50평을 배정을 받았다. 주변 시세는 평당 1억 원이 넘는다. 실투자금 4억 6,000만 원으로 수익률 약 205%를 이뤄낸 재건축 투자 사례다.

첫 투자를 시작으로 열심히 매물을 찾아 투자를 실행했

다. 2017년 4억 6,000만 원에 매수한 제주도 국제영어마을아파트 24평과 2018년에 2억 2,000만 원에 매수한 속초 1군 브랜드 아파트 24평형은 시세 차익형 매물이다. 수익형으로는 서울에 다세대 빌라 2채를 보유하고 있다. 16평 3억 원, 12평 2억 5,000만 원에 각각 매수했다.

2017년 7월에는 인천 재개발 지역의 22평 연립주택을 시세 1억 2,000만 원에 샀다. 그중 전세가 4,500만 원이 끼어 있었다. 실투자금은 7,500만 원이었다. 2017년 9월에 관리처분인가를 받고 2018년 10월에 이주를 시작했다. 1군 브랜드가 시공을 맡았고 2021년 12월 입주를 시작했다. 현재는 호가 6억 원이다.

열심히 발품을 팔아 갭투자도 함께 했다. 2014년 3월 2억 3,000만 원짜리 산본 금정동 구축 아파트 22평을 전세 2억 원을 끼고 매입했다. 실투자금은 3,000만 원이었다. 이 물건은 2015년 10월에 차익 1,500만 원을 남기고 매도했다.

나는 2016년부터 본격적으로 부동산 공부와 투자를 시작했다. 2022년 기준 총자산은 약 70억 원에 달한다. 그동안 모은 자산을 인플레이션 이상으로 증가시킬 수 있었던 것은 공부와 실행을 함께했기 때문이다. 재건축, 재개발, 차익형, 수익형, 갭투자 등 다양한 부동산 투자로 부동산의 상승장에 진입하여 자산이 생각보다 가파르게 증가했다.

내가 사람들에게 늦더라도 기회는 있다고 자신 있게 말하는 이유다. 부자는 때를 가르지 않고 투자해 성과를 만든다.

50대에 부동산에 큰돈을 쓰는 건 조심하라고 하지만, 사실 투자를 멀리하면 시간이 지날수록 자산을 지키기 더더욱 어렵게 된다. 지금이라도 준비하여 투자해야 하는 이유다.

부자가 되기 위해서는 전략이 필요하다. 전략이 있어야 고생해서 모은 종잣돈과 시간을 태워 앞으로 나갈 수 있다. 자본이 축적되는 방향으로 말이다. 그게 부자가 되는 방법이자 부자의 길이다.

이것을 언제 깨달았느냐 따라 부자의 대열에 깃발을 꽂는 순서가 정해진다. 그래서 부유한 환경에서 태어난 사람이 부자가 될 확률이 그렇지 못한 사람보다 훨씬 높은 것이다. 자연스러운 학습을 통해 언어와 행동과 생각이 이미 부자의 길로 향하기 때문이다.

평범하거나 가난한 환경에서도 부자는 나온다. 이런 사람들이 스스로 부자 되는 길을 깨우쳐 우뚝 성장한 자수성가형이다. 카카오 창업자인 김범수 전 의장이 대표적인 인물이다. 흙수저에서 4차산업의 경제부호로 성공하기까지 얼마나 대단한 노력을 했을지 상상하기도 벅찰 정도다.

그런데 김범수 대표가 일만 해서 부자가 됐을까? 그건 아니라는 것이다. 우리가 살아가는 사회 즉 자본주의 경제 생태 흐름에 맞게 대응하고 준비하여 성장했을 것이다. 평범한 우리가 평범한 돈으로 경제적 자유를 누리기 위해서 무엇을 어떻게 해야 하는지 생각해보자.

'지금 투자를 시작하기에는 너무 늦었다.' '지금 가진 돈이 별로 없다.' '부동산에 투자했다가 실패할까 무섭다.' 같은 마음으로 50대를 시작했다가는 오히려 지금까지 모은 자산을 까먹고 불안한 노후를 보낼 수밖에 없다.

노동력보다 자본이 자산을 불리는 더 강력한 수단이라는 사실을 하루라도 빨리 깨닫자. 순탄하게만 인생을 사는 사람은 없다. 역경을 어떻게 헤쳐나가느냐에 따라 우리 삶은 부자와 빈자로 귀결된다. 부자 되기에 늦은 나이란 없다.

50대 부동산 투자 팁

부동산 투자를 한 적이 없다고, 현재 가진 돈이 없다고 망설이다가는 은퇴 시기만 늦어질 뿐이다. 내가 만난 50대 중에는 소액으로 시작해 집 한 채를 산 뒤에 자산을 증식시킨 경우가 많다. 지금 부동산 투자 지식이 없거든 당장 공부를 시작하자. 책을 읽고, 멘토를 만들자. 그리고 당장 투자를 시작하자. 실행하지 않으면 결코 부자가 될 수 없다.

2

내 집 마련,
50에 시작해도 늦지 않다

젊었을 때는 아이들 키우느라, 학교와 학원에 신경 쓰느라, 일자리에 신경 쓰느라 주거지를 옮길 때 고려할 사안들이 많다. 투자하기엔 쉽지 않은 환경이다. 이런 생활 패턴을 유지한 채로 시간이 흘러 50대가 됐다. 어느새 아이들은 훌쩍 커서 집을 떠날 때가 됐고, 슬슬 은퇴를 생각해야 한다. 쓸쓸하고 공허하다 느낄지도 모르겠지만 달리 생각해보자. 이제는 주거지를 옮기는 데 있어 상대적으로 자유롭기에 투자의 적기다. 과거엔 같은 이유로 투자할 수 없었다면 이젠 같은 이유로 투자를 할 수 있는 환경이 저절로 만들어졌다. 이는 50대가 돼서 생기는 장점이며 기회라고 할 수 있다.

젊었을 때는 내 집이 있어도 실거주하고 있다면 그것을 투자라고 생각하지 않은 경우도 많다. 하지만 50대가 되어 아이들이 집을 떠나고 주거지 선택이 자유롭다면, 그동안 살았던 지역에 얽매이지 말고 다른 동네, 다른 지역까지 눈을 넓힐 필요가 있다. 50대에 이런 식으로 다른 지역에 투자해서 성공한 사례가 내 주변에도 꽤 있다. 서울에서만 살던 분이 인천에 있는 재개발 지역에 투자해서 돈을 불린다거나 반대로 성남에 살던 분이 서울 쪽에 투자하는 식으로 말이다.

그들이 큰돈으로 부동산 투자를 시작한 건 아니다. 인천에 있는 재개발 지역의 연립주택을 구입한 사람의 실제 투자금은 7,000만 원 정도였다. 전세를 끼고 샀기 때문이다. 선택지는 많다. 우리가 모르고 있을 뿐이다.

내 집 마련이란 가용 범위 내에서 가장 큰 금액의 투자행위이자 기회다. 처음에는 그저 주거를 위해 집을 사는 경우가 많지만 그때부터 자본의 흐름과 속도에 눈을 뜨게 된다. 비록 실수요 목적으로 집을 샀지만, 그곳에 사는 순간부터 투자가 되기 때문이다.

그래서 실수요자에게 내 집 마련은 중요한 전환점이 된다. 큰 공부 없이 가족 구성원의 생활 범위 내에서 내 집 마련을 했을 뿐인데 그때부터 세상이 보이기 시작한다. 우연히 마련한 집 한 채로, 같은 출발선에 있던 친구들과 몇 년 후 비교할 수 없이 큰 격차가 생기는 경우는 비일비재하다.

주변을 둘러보자. 언제 어디에 내 집 마련을 했느냐에 따라서 자산의 크기가 저마다 다르다. 집 한 채가 개인에게 주는 메시지는 강력하다. 실거주자라도 내 집 마련한 사람은 시세를 볼 수밖에 없다. 평수가 작아 넓혀간다든지, 상급지로 갈아탄다든지, 생활환경을 바꾸기 위해서라든지 등등 여러 가지 이유로 부동산에 관심을 가지다 보면 미래가치에 초점을 맞출 수밖에 없다.

그래서 나는 50대에 집이 없다면 당장 내 집 마련부터 하라고 권한다. 이미 집값 다 올랐다고 말할 수도 있다. 하락장이 온다는 기사에 겁을 먹을 수도 있다. 그런데 그런 뉴스는 언제나 있었다. 수십 년 전은 물론 불과 몇 년 전도 마찬가지였다. 2010년 중반 어떤 전문가들은 "우리나라 부동산 가격은 모두 거품이다." "앞으로 부동산 가격이 폭락할 것이다."라고 주장했다. 대형 및 중대형 평수 아파트 가격이 폭락했을 무렵이다. "집으로 돈 버는 시대는 끝났다."라는 이야기를 듣고 많은 이들이 집 사기를 주저했다. 심지어 수중에 돈이 있는데도 집을 안 사고 버틴 사람도 있었다. 그런데 2014년부터 부동산은 빠르게 상승하기 시작했다. 누구도 잡을 수가 없었다.

내 집 마련만큼 큰돈이 들어가는 경제행위가 없기 때문에 부의 증식 속도 또한 그 어떤 투자보다 빠르다. 결국, 나의 가장 큰 자본을 움직여 자산을 굴리기 때문에 내 집 마련은 최고의 부동산 투자라고 할 수 있다

남들이 좋아하는 부동산은 이유가 분명히 있다. 그것을 알아가는 과정에서 경제를 알게 되고 돈을 발견하게 되는 것이다. 경제에 문외한이었던 사람도 내 집 마련 하나로 경제에 눈을 뜨게 된다. 더불어 자산을 관리할 때 큰 목표를 세우고 이에 따라 크고 작은 선택을 해나가게 된다.

내 집 마련을 할 때부터 부동산 공부가 시작된다. 그러면서 부동산 인사이트가 쌓이고, 투자 지식의 격차가 보이기 시작한다.

부동산 투자를 하고서 알게 된 사실이 있다. 우리나라의 경제 일번지이자 교육 일번지 강남에 부동산 등기가 있는 사람은 등기 없는 사람과 세상 보는 눈이 다르다는 것을 말이

다. 그만큼 자본주의 세상의 원리와 경제에 관한 지식이 엄청난 격차를 보인다. 이를 늦게 알았다면 비용으로 지급해야 한다. 현재 강남 집값을 보면 알 수 있지 않은가? 이미 진입한 사람보다 더 큰 비용을 투자해야 들어갈 수 있다. 그것이 시간에 따른 기회비용인 것이다.

부동산 투자를 위해서는 시간과 돈을 많이 투자해야 한다. 50대가 유리한 이유다. 바쁘게 일했던 30대 40대보다 시간과 돈을 더 투자할 수 있다. 뒤늦게 부자가 된 사람들은 기회다 싶으면 돈이 얼마가 들어도 무조건 기회를 잡고 본다. 시간이 지나면 영영 못 잡을 수도 있는 물건이라는 사실을 직감적으로 알기 때문이다. 50대는 그 타이밍을 공부하고 살펴볼 여유가 있다. 다시 말해 매 순간 찾아오는 기회를 잡을 수 있는 여력이 있다. 준비만 돼 있다면 의사결정하여 자산을 불릴 수 있다.

56세 K씨는 아들, 딸을 둔 전업주부다. 부동산 투자에는 관심이 없어서 내 집도 거주의 개념으로만 알고 느지막이 40대 후반에 마련했다. 그런데 내 집 마련 후 자신이 산 집과 친구가 사는 집값이 차이가 벌어지는 것을 보고 부동산을 공부하기 시작했다. 공부하면서 느꼈다. 자신이 경제에 대한 인식이 부족하여 많은 기회를 놓쳤다는 사실을 말이다. 더 나이 들어 자식에게만은 뒤처진 삶을 살게 할 수 없다는 생각이 들었다. 그래서 대학생인 아들을 위해 부동산 하나를 매입하기로 결정한다.

K씨는 시간을 멀리 두고 재개발 가능성 있는 부동산을 전세 끼고 실투자금 5,000만 원으로 매수했다. 그런데 그 부동산이 매수 후 몇 개월 만에 관리처분인가가 났다. 그리고 아들이 결혼할 무렵에 아파트가 완성돼 신혼집으로 삼게 되었다. K씨가 그 부동산을 살 때 아들은 대학생이었다.

아들은 엄마의 의사결정으로 집의 개념과 경제 원리까지 눈을 뜨게 됐다. 최고의 교육은 자식에게 물고기를 주지 말고 물고기 잡는 법을 알려주는 것이다. K씨는 그것을 이뤘다. 이렇듯 집을 산다는 것은 주거지 마련 이상의 큰 의미가 담겨 있다.

부동산은 진입장벽이 높아서 그렇지 빠르고 안전하게 자산을 늘릴 수 있는 최고의 방법이다. 물가는 떨어지는 법 없이 계속 오르고, 실물 자산인 부동산은 그 물가를 모두 반영하기 때문이다.

다만 은퇴 전후라고 해서 타운하우스나 전원주택은 추천

하지 않는다. 왜냐하면, 수요가 없기 때문이다. 수요가 없으면 집값이 오를 일은 없다. 내 집 마련을 하더라도 누구나 살고 싶은 집을 사야 한다. 그래야 자산을 조금이라도 불릴 수 있다. 누구나 살고 싶은 집이 바로 똑똑한 집 한 채다. 똑똑한 한 채가 결국 자산 증식에 가장 효율적인 방법이다. 그 똑똑한 집 한 채가 노후에 종잣돈이 되어 여러 방면으로 나를 돌봐준다.

50대가 넘어 뒤늦게 부자가 되고 싶다면 다주택자가 되기를 겁내지 말아야 한다. 양도차익이 5억~20억 원 정도 올랐으면 모를까 1주택 비과세에 너무 집착하면 돈을 불릴 수 없다. 서울의 경우 2주택부터 취득세가 8.8%로 높아진다. 그러나 비조정 지역에 두 번째 주택은 취득세가 1.1%이다. 지방에 똑똑한 한 채를 추가 매입하면 혜택이 크다. 세금은 번 만큼 내는 것이므로 세금 무서워서 투자를 미루는 것은 부자의 마인드가 아니다. 다주택자로 많이 벌고 세금도 그만큼 낸다고 생각해야 한다.

부자가 되려면 비과세에 집중하기보다는 유연한 사고로 시기적절하게 자산을 증식하는 방향을 선택하는 것이 좋다. 좋은 자산을 많이 모으는 게 최선의 재테크다. 이 모든 안목과 실력은 1주택을 매수하는 시점부터 시작된다. 그러므로 실수요자 1주택은 최고의 투자다.

근로소득이 사라지는 노후에 자산을 증식시켜주는 것은 내 집이며, 실거주 목적 이외 안전하게 물가 상승분 이상의 수익을 올리는 데 실물 자산만 한 것이 없음을 하루라도 빨리 알아야 한다.

어찌 보면 자본주의 사회에서 실수요자 1주택은 생존과 바로 이어지는 필수 조건이다. 내 연봉 오르는 속도가 물가 상승분보다 빠르다면 집을 사지 않아도 된다. 하지만 50대의 소득이 물가 상승분을 쫓아가지 못한다면 지금이라도 최고의 자본을 투여하여 최고의 선택으로 내 집 한 채는 가져야 한다.

50대 부동산 투자 팁

실수요자에게 내 집 마련은 가장 중요한 경제 행위다. 큰 공부 없이 생활 범위 내에서 내 집 마련을 했을 뿐인데 그때부터 세상이 보이기 시작한다. 은퇴 전후라고 해서 타운하우스나 전원주택은 추천하지 않는 다. 수요가 없기 때문이다. 누구나 살고 싶은 집을 사야 한다. 똑똑한 한 채가 결국 자산 증식에 가장 효율적인 방법이다. 그 똑똑한 집 한 채가 노후에 종잣돈이 되어 여러 방면으로 나를 돌봐준다.

3

화폐가치가 떨어질 때
자산을 지키는 방법

집의 구성요소를 생각해보자. 집을 건축할 토지가 필요하고, 건축 자재가 필요하다. 토지 위에 자재를 사용해 집을 지을 사람이 있어야 한다. 집을 짓기 위한 구성요소들은 물가를 반영해서 오른다. 이 요소들의 가격 추이를 보면 집값이 오르는 것은 당연한 이치다. 이 경제 원리를 생각하면 당장이라도 집을 사야 한다. 무엇보다 서울과 지방의 집값이 다른 이유는 땅값이 다르기 때문인데, 서울은 수요자가 많아 가격이 높다.

"언제 집 사야 하나요? 타이밍 좀 알려주세요."

내가 반드시 집을 사야 한다고 하면, 나에게 이렇게 되묻는 분들이 많다. 사실 무주택자도 언제가는 집을 살 것이라고 막연히 생각하고 있다. 그런데 집을 사려고 할 때마다, 집값이 오르고 내리는 기사가 보이니 덜컥 겁이 나는 것이다. 그래서 타이밍을 알고 싶어 하지만 사실 타이밍은 외부에서 신호를 주는 게 아니다. 자신이 집을 살 때가 타이밍인 것이다.

누구도 환율이나 주가를 예측할 수 없다. 집값도 마찬가지다. 대략 지금 사면 이 정도 오르겠다는 추정치일 뿐이지, 타이밍을 정확히 맞추는 사람은 아무도 없다. 집이 없는 사람이면 당장 가용할 수 있는 범위 안에서 최대한의 노력으로 집을 매수하는 것이 맞다. 그리고 1주택자부터는 시장 흐름과 정책과 공급량 등 기본적인 사항들을 확인할 필요가 있다.

무주택자들이 자산을 늘리기 위해 꼭 기억해야 할 것이 한 가지 있다. 바로 집을 사서 실거주하려는 마음을 비워야 한다는 것이다. 생각을 전환해야 한다. 자신이 희망하는 집의 대출 가능 금액과 전세가를 비교하여 전세가가 높으면 전세 끼고 매수하는 것을 추천한다. 그렇게 집을 사면, 자신이 직접 거주했을 때보다도 자산 증식 속도가 빠를 것이다.

예를 들어 6억 원짜리 집이 있다. 대출금이 2억 4,000 원 나온다 가정해보자. 그러면 내가 준비할 현금은 3억 6,000만 원이다. 그런데 6억 원 집의 전세가가 3억 6,000만 원이라면 대출 외에 내가 따로 현금을 마련할 필요가 없어진다. 이런 상황이라면 대출금을 조금 늘려서 3억 6,000만 원이라는 갭으로 살 수 있는 집을 고르는 것이다. 그러면 8억 원 근처의 집을 매수할 수 있다. 6억 원대 아파트의 가격이 오르는 폭이 클까? 8억 원대 아파트 가격이 오르는 폭이 클까? 답은 이미 정해져 있다. 이것은 진리다. 비싸고 큰 것이 크게 오른다.

자산은 이런 식으로 불려 나가는 것이다. 그러나 고려해야 할 사항이 있다. 내가 원하는 집에 들어가 살 정도의 자금을 모을 때까지 빌라 전세나 월세를 살아야 하기에 생활이 불편한 것은 감수해야 한다. 선택은 여러분의 몫이다.

지금 시장을 보면 공급급감을 해소하려는 정책으로 3기 신도시 사전청약을 받고 있다. 이 정책이 누군가에게는 기회일 수 있다. 집을 마련하려는 계획은 세웠는데 자금이 없다면 3기 신도시 사전청약으로 내 집 마련을 추천한다. 사전청약을 받아놓고 그동안 돈을 마련하는 것이다. 그러나 지금 내 집 마련할 여건이 된다면 지금이라도 기존 주택을 매수하기 적극적으로 추천한다.

3기 신도시 중에서는 경기도 대곡과 경기도 광주가 유망지역이다. 경기도 대곡은 GTX-A 노선 덕에 서울 도심까지 30분 이내 도달할 수 있기에 프리미엄이 높다. 다른 어떤 GTX 노선보다 GTX-A 노선이 지나가는 곳은 서울 도심까지 걸리는 시간이 짧기에 부동산 가치가 높다. 그러므로 대곡 주변의 토지나 주택은 투자가치가 높을 수밖에 없다. 경기도 광주는 판교나 강남과의 거리가 가까우면서도 상수원 보호구역 및 개발제한구역으로 지정돼 개발이 제한된 지역이다. 현재는 경강선이 있으므로 그나마 강남과 판교로 접근이 쉬워졌다.

얼마 전 위례삼동선(위례-성남시 상대원동-경기도 광주 삼동역)이 4차 국가철도망으로 발표됐다. 위례신사선이 완공되고 추후 위례삼동선까지 개통되면 경기도 광주의 아파트들은 강남 접근성으로 가격이 도약할 것이다. 다만 그렇게 되기까지 시간이 많이 소요될 수 있다는 점이 아쉽다.

아파트 가격은 지역마다 다른 시장 모습을 보이고 있다. 공급 문제로 어떤 곳은 오르고 어떤 곳은 내리고 있다. 공급은 중장기적으로 영향을 미친다. 주택이 부족하더라도 금방 집을 지을 수 없기 때문이다. 그러므로 지금 주택이 부족하여 규제를 풀며 공급을 한다고 해도 단기적으로는 주택 가격에 큰 영향을 끼치지 않는다. 서울은 주택을 공급할 토지도 없을뿐더러 재개발, 재건축도 규제 완화에 따른 시장 영향까지 고려하며 심사숙고하고 있는 것을 보면 결국 우상향할 수밖에 없는 시장이다.

아파트 매매 거래량 수치가 떨어지면 가격이 내려가는 것이 순서다. KB국민은행 자료에 따르면 매매지수 100을 기준으로 100 이상이면 매수자가 많은 것으로 본다. 100 미만으로 떨어지면 매도자가 많은 시장이다. 매도자가 많으면 매수자는 물건을 골라서 살 수 있다.

현재 매매지수는 100 이하지만, 서울의 핵심 지역 아파트들은 상대적으로 하락 폭이 적은 상황이다. 또한 서울시는 2030년까지 주택 80만 호를 공급하겠다고 발표했지만, 이 정책이 가까운 시일에 주택 공급으로 곧장 이어지지는 않을 것이다.

물론 변수도 있다. 3기 신도시 사전청약으로 청약 경쟁률이 높으면 가점 낮은 대기자들이 조급한 마음에 기존 주택을 매입할 수 있어 또 다른 시장 반응을 불러일으킬 가능성을 갖고 있다. 이렇게 부동산 시장을 전체적으로 파악하고 있지 않으면 매수매도 타이밍을 알 수가 없다.

서울의 아파트 평균 매매 가격은 12억 3,729만 원이다. 내 집 마련 기간은 평균 17.6년이다. 그런데 문재인 정부 때, 집값이 큰 폭으로 상승하면서 그 기간이 6년 9개월이 늘었다. 멀어지는 내 집 마련으로 서울에 아파트 사려면 월급 한 푼 안 쓰고 꼬박 13.6년을 저축해야 가능하다. 경기도 주택 가격은 4억 9,800만 원, 인천 주택 가격은 3억 7,500만 원이었다. 중위소득 가구가 살 수 있는 서울의 주택 물량은 줄어들고 있다. 규제가 심해지고 공급까지 위축되면서, 중산층은 '내 집 마련' 꿈이 더 멀어졌다.

이런 상황에서 '과연 집을 사야 하나?'라고 생각하는 50대가 있을 수 있다. 집값이 바닥을 쳐서 애써 모은 돈을 잃을까 봐 불안하기 때문이다. 그러나 이럴 때일수록 애써 모은 돈을 지키기 위한 공부와 투자가 필요하다. 경기가 좋지 않으면 근로소득 상승 폭보다 아파트 가격 상승 폭이 훨씬 크다. 근로소득은 자본시장을 따라잡을 수가 없다. 그래서 월급이 집값을 감당하지 못하는 것이다. 세계적인 불황이 닥칠 때 실물 자산이 없는 50대의 노후는 더 불안하다. 따라서 내 집 마련은 일찍 할수록 유리하다. 설령 지금 집이 없더라도 본인의 여건에 최적화된 부동산을 선택해서 사면 월급을 모아 노후자금을 마련하는 것보다 더 편안한 노후를 보낼 수 있다. 즉, 지금까지 모은 돈을 지키기 위해 똘똘한 집 한 채를 사라는 말이다.

실물 자산은 보유하고 있어야 떨어지는 화폐가치에 대응할 수 있다. 나의 자산 가치를 지킬 수 있는 현명한 투자가 필요한 시점이다. 50대의 자산은 지켜야 할 게 더 많지 않은가.

시멘트의 원료인 유연탄을 전량 수입에 의존하고 있는 우리나라는 우크라이나 전쟁의 영향으로 건축자재 값이 상승할 것이란 뉴스가 나온다. 그러면 집값에도 영향을 미칠 수밖에 없다. 가만히 있어도 외부환경에 의해 나의 자산 가치가 움직이고 있음을 알아야 한다.

세계 경제는 유기적으로 반응하며 움직이고 있다. 외부 요인으로 흔들리지 않기 위해서는 실물 자산, 즉 부동산을 가지고 있어야 한다. 더욱이 지킬 게 많은 50대에게 이만한 투자가 어디 있겠는가.

50대 부동산 투자 팁

떨어지는 화폐가치에 대응하기 위해서는 실물 자산을 보유하고 있어야 한다. 원하는 지역의 부동산 입주 물량과 미분양을 체크한 후 매수 적기를 계획하기 바란다. 입주 물량이 많으면 전셋값이 떨어질 것이고, 미분양이 쌓이면 매매가가 떨어질 것이다. 갭투자의 경우 입주 물량이 많으면 자금 계획을 보수적으로 세워야 손해를 보지 않는다. 미분양이 많으면 입지, 브랜드, 단지 규모를 선택하여 프리미엄 없이 살 기회가 된다.

4

인플레이션 시대에는
실물 자산에 투자해야 하는 이유

　　물가는 올라가고 돈의 가치가 떨어지고 있다. 인플레이션 시대다. 이럴 때 50대는 어떻게 투자해야 할까? 투자에 보수적인 50대는 통장에 돈을 저축하는 경우가 있다. 그런데 물가가 오르고 돈의 가치가 떨어지는 때에 '저축'은 독이다. 여윳돈이 있다면 실물 경제인 부동산에 돈을 올려두는 게 좋다. 생각해보자. 돈의 가치가 떨어지는데 그것을 현금으로 가지고 있다면 자산이 그만큼 줄어드는 것이다. 그런데 부동산은 조정을 받을 수는 있어도 그 가치는 시간이 지날수록 올라간다. 이유는 단순하다. 물가는 과거 수준으로 돌아가지 않기 때문이다.

최근 부동산 시장이 뜨겁게 달아오르다가 잠시 조정을 받는 모습이다. 거래가 거의 없는 상태에서도 일부 지역에서는 연이은 규제에 아랑곳하지 않고 신고가를 찍기도 한다. 왜 그럴까? 집값은 여러 가지 요인이 복합적으로 작용해서 나타난다고 볼 수 있다. 코로나 시기 경제를 살리기 위해 정부에서는 완화적인 통화정책 기조를 이어갔고, 낮은 금리로 대출 부담이 적어지자 이를 실물 자산에 투입하여 금리 이상의 자산을 키우려는 심리가 확산됐다. 금리가 오르는 최근에도 서울 집값이 크게 내려가지 않은 이유는 수요보다 공급이 부족하기 때문이다.

서울이라는 한정된 지역에 원하는 수요가 공급보다 많으니 가격이 오를 수밖에 없다. 인프라가 좋은 곳에서 살고 싶은 것은 인간의 기본적인 욕망이자 욕구이며 자연스러운 감정으로 삶의 원동력이기도 하다. 게다가 제도권에서 시장원리를 통제하다 보니, 시장에 문제점이 생긴다. 공급 물량을 늘린다면 장기적으로는 집값이 잡힐 수도 있겠지만 단기적으로는 일부 지역에 폭등장이 일어날 가능성도 있다.

아파트가 인허가를 받고 시공하여 물량이 시장에서 제

기능을 하기까지 최소 5~7년의 세월이 걸린다. 그 기간 안에 공급이 없으니 시장은 불안할 수밖에 없다. 집값 오르는 이유 중 또 하나는 물가상승이다.

▌서울 면적별 분양 가격(3.3㎡)

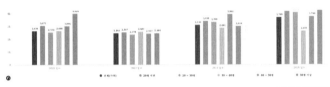

[출처] 부동산지인

경기가 좋지 않으면 아파트값이 떨어질까? 그런데 물가가 떨어지지 않는 한 분양가는 내려가지 않는다. 위 그래프를 보면 쉽게 이해가 된다. 경기가 좋지 않다고 아파트 분양가를 내릴 일은 없다. 아파트 분양가는 건축비와 땅값을 기준으로 인근 아파트 단지 시세와 비교 책정한다. 물가가 오르면 건축비는 상승하게 되고, 땅값은 경제 대란이 일어나지 않는 한 하락하지 않는다. 건축비도 마찬가지다. 자재비·인건비 등은 경기침체가 오고 유가가 내려야 떨어진다. 최소한 물가상승률 이상으로 분양가가 오른다. 집값은 결국 통화량 증가에 따른 인플레이션으로 장기 우상향을 할 수밖에 없으며, 공급과 수요 상황에 맞물려 시세가 형성된다는 것이다. 수도권 분양 물량은 2016년부터 점차 줄어들기 시작하여 2 기 신도시 분양이 마무리되면서 정비사업이 분양 물량의 중 심이 되고 있었다.

▮ 서울 수요/입주

[출처] 부동산지인

정비사업도 규제정책으로 수도권 분양 물량이 점차 줄어 들어 2023년 이후, 2006년 참여정부 때처럼 서울 분양 물 량이 급감할 것으로 보인다. 위 그래프에서도 수요보다 공급 물량이 훨씬 적은 것을 확인할 수 있다. 아파트에 들어가서 살고 싶은 사람은 많은데, 집이 없기 때문에 집값은 상승할 수밖에 없다는 소리다.

집값 상승은 한국만의 일이 아니다. 특히 한국은 수요에 비해 주택이 부족해 가격을 상승시켰다. 25번째 부동산 대 책인 2·4대책은 서울 및 수도권, 지방 대도시 등에 2025

년까지 공공 주도로 신규 주택 83만 6,000 가구를 공급할 부지를 확보하는 대규모 '주택 공급 프로젝트'다. 그런데 이 대책이 현실화하려면 적어도 8년 이상 걸린다는 것이 전문가들의 공통적 의견이다. 계양구가 착공이 본격화됐지만, 일부 지역은 여전히 토지 보상에 난항을 겪는 중이다. 문화재가 발굴되고, 일부 토지주민들의 반발도 생기면서 사업이 지연될 수 있다고 우려한다. 즉 3기 신도시는 계양구를 제외하고는 토지 보상 절차에서 어려움을 겪고 있다.

재건축, 재개발을 완화한다고 하더라도, 기본 10년이다. 공급은 우리가 생각한 것보다 오래 걸릴 가능성이 크다. 향후 서울, 수도권뿐만 아니라 전국의 신규 공급이 역대급으로 줄어든다. 서울시의 입주 물량은 거의 없는 사상 초유의 사태이다. 전 세계적인 인플레이션 시대가 다가오고 있고, 주택 공급마저 역대 최저 상태다. 실물 자산을 소유한 자와 그렇지 않은 자의 부의 격차는 시간이 지날수록 커질 수밖에 없는 상황이다. 이런 상황에서 집이 없는 50대의 노후는 아무도 장담할 수가 없다. 그러므로 실물 경제에 빨리 내 돈을 올려놓아야 그나마 벼락 거지는 면할 수 있는 것이다.

50대 부동산 투자 팁

통화량이 늘어나면 돈의 가치가 떨어진다. 그리고 물가는 오른다. 이럴 때는 실물 경제(부동산)에 하루라도 빨리 내 돈을 올려놓아야 한다. 투자에 보수적인 50대는 통장에 돈을 쌓아두는 경우가 있다. 그런데 지금 통장에 돈이 있으면 손해다. 열심히 벌어서 은행에 맡겨둔 돈의 가치가 떨어진다고 생각해 보라. 얼마나 아쉽겠는가.

5

26번의 부동산 규제 속에서도 자산을 불릴 수 있었던 이유

　나는 부동산만 생각하면 가슴이 설렌다. 부동산으로 인해 일어설 수 있었고 다시 살아갈 용기를 가질 수 있었다. 9년 동안 하던 사업을 개인적인 사정으로 접어야만 했을 때 앞날에 대한 아무런 준비가 되어 있지 않았다.

　나는 2016년에 잠원동 한신8차 18평을 8억 7,000만 원에 매수했다. 남편은 노후자금을 날리는 것은 아니냐며 걱정했고, 공인중개사 지인은 서울 아파트 고점이라며 반대했다. 박근혜 정부에서 문재인 정부로 넘어가면서 부동산 정책만 26번 발표되었다. 그럴 때마다 가슴 졸이며 지켜봐야 했다. 많은 공부가 됐다.

현재 잠원동 아파트는 조합원 평형 신청까지 마친 상태로 아직 일반분양은 남아 있다. 단지명은 메이플자이 3,300여 세대로 2024년 12월 입주 예정이다. 내가 산 부동산은 24억 원을 형성하고 있으며 50평형에 당첨되어 동호수 선정을 남겨 두고 있다.

나는 형제 중에서도 가장 늦게 내 집 마련을 했다. 그러나 늦어도 괜찮다. 내가 가능할 때 매수하면 된다. 그리고 공부하고 준비하여 돌아가지 않고 직진으로 가면 된다. 살아보니 각자의 시기와 때는 있는 것 같다. 각자의 페이스로 가되, 놓치지 않으려 노력하면 된다.

시행착오도 자산 증식에 많은 도움을 준다. 실수 없이 정답만 맞히며 똑바로 직진만 하는 사람은 없다. 우리 인간은 그런 존재가 아니다. 다만 실수와 시행착오를 겪고 난 후의 자세가 중요하다. 낙담하지 않으며 자신을 믿고 목표를 향하여 나아가는 자세가 모든 것을 말해준다. 좌절하지 않은 사람은 시간이 소요되더라도 성공할 수밖에 없다. 조금 늦게 가면 어떤가.

누구에게나 각자의 인생이 있는 것이다. 이제 준비가 되었다면 지금부터 하면 된다. 나는 나이 50이 넘어 강남이란 곳에 입성할 줄 몰랐다. 지금도 사업을 계속하고 있었다면 부동산과 무관하게 사업장에 파묻혀 있었을 것이다. 이제 나는 알게 됐다. 삶에는 흐름과 때가 있다는 사실을 말이다.

부동산을 통해 세상이 달리 보이기 시작했다. 돈이란 것은 일정한 수치를 넘으면 에너지를 느끼게 된다. 부자들은 부를 에너지로 여기며 받아들인다. 그래서 더욱더 강한 에너지를 끌어들여 큰돈을 흡수하면서 부를 지속 발전 시켜나간다.

등산할 때 10부 능선에 오른 사람은 9부 능선까지 굽이굽이 능선을 다 파악하고 있다. 그러나 5부 능선까지 오른 사람은 6부 능선 이상의 세계는 모른다. 다만 목표가 10부 능선이므로 무작정 오르는 것이다. 다시 말해 부자들은 부자가 되기 위해 부단히 노력하는 다른 이들의 심리와 성향을 속속들이 다 파악하고 있다. 그래서 부자들과 자본 게임을 하면 이기기가 어렵다.

부자들은 우리가 쥐고 있는 패를 다 파악하고 있다. 이게 자본주의 사회다. 섬뜩하지 않은가. 서슬 퍼런 자본주의 사회에서 돈을 벌기 위해 얼마나 많은 사람이 두 눈을 부릅뜨고 시장을 응시하고 있을 것인가. 이때 가진 게 없으면 뒷심이 약해 쉽게 포기하고 억울한 처지에 놓여도 스스로를 변호하고 나설 용기가 나지 않는다. 이 모든 것이 에너지 즉 힘이 약하기 때문이다. 돈이 있다는 것은, 그만큼 공부하고 자본주의 게임 규칙을 파악했다는 것이다.

50대라도 늦었다고 생각하지 말되, 지금 당장 시작해야겠다는 마음부터 먹어야 한다. 돈이 없으면 돈을 벌고 투자 지식이 없으면 공부하여 하루빨리 자본주의 사회의 게임에 참가해야 한다. 살면서 내 집 마련만큼 큰 베팅이 있을까. 그런데도 우리는 내 집 마련을 위해 얼마나 공부를 했는가? 지금까지 인식을 못 했을 수도 있다. 그러나 분명한 한 가지 사실은, 공부한 만큼 번다는 것이다.

사는 게 비슷해 보여도 공부해서 내 집 마련을 하는 사람과 그렇지 않은 사람은 큰 차이가 있다. 공부해서 첫 내 집 마련을 한 사람은 다음 갈아탈 집 계획을 세운다. 그게 차이점이다. 그만큼 시선이 시장과 기회를 향하여 있는 것이다. 부동산이 상승할 때는 아무거나 사면 오를 것 같지만 그 상승장에서도 오르지 않는 부동산도 있다. 누구나 다 집으로 돈을 버는 것은 아니라는 소리다.

여기 수입이 똑같은 사람이 둘 있다. 내 집 마련에 나서면서 똑같은 돈으로 한 사람은 알토란 같은 상급지로 가고 한 사람은 평범한 입지에 집을 샀다면, 그 격차는 시간이 지날수록 좁혀지기 어렵다.

부동산 투자를 하고서 느낀 점은 어느 지역에 사느냐가 큰 의미가 있다는 것이다. 남들이 좋다고 하는 것에는 좋아할 만한 이유가 있다. 일단 주변 환경이 깨끗하고, 주민들이 예전에 살던 곳과 다르다. 교통이 편리하고 생활에 필요한 것이 가까이에 있다. 아이들 면학 분위기도 좋다. 큰 병원이 가깝고 원하는 교육도 근처에서 받을 수 있다. 모든 게 편리하다. 이는 곧 생활에 안정과 평화를 선사한다.

'그래서 사람들이 상급지, 상급지 하는가 보다'라고 투자하고 나서 알았다. 우리 인간은 의지보다 환경에 훨씬 많은 영향을 받는다고 한다. 환경은 곧 삶이고 컨디션이다.

주식을 하나도 몰라도 내 돈이 주식에 들어가면 경제 뉴스에 많은 관심을 보인다. 부동산 투자도 마찬가지다. 부동산 투자를 한 뒤부터는 자연스럽게 뉴스에 눈과 귀가 가게 된다. 공부했는데도 시장에 참가하지 않으면 직접 와닿는 게 많이 없다. 그러나, 직접 내가 산 물건이 뉴스에 오르내리고 그 지역이 매스컴을 타면 상황은 완전히 달라진다. 공부할 때도 누구를 만나느냐가 중요하다. 투자를 잘하지 못하는 사람의 가장 큰 잘못은 주위에서 쉽게 자문하고 해결책을 찾으려 한다는 것이다. 그러나 부동산은 많은 돈이 들어가고, 가족의 삶과 직결되기 때문에 선별해야 한다.

처음 투자 경험을 잘못하면 부동산에 대한 편견과 선입견으로 부정적인 이미지가 쌓이고 결국 앞으로 나아갈 동력을 잃게 된다. 소액을 쓰더라도 처음부터 제대로 내 집 마련에 신경을 쓴다면, 그 뒤부터 조금씩 시장이 보이기 시작한다. 그렇게 부동산에 대한 안목과 인사이트가 쌓이면서 자본가로 거듭날 수 있는 초석이 된다.

50대가 되면 이런 고민을 할 때가 있다. 지금까지 모은 돈으로 적당한 금액의 내 집 마련을 하고 나머지로 투자를 해서 현금흐름을 만들면 어떨까? 반은 맞고 반은 틀린 생각이다. 은퇴 전후의 세대라면 입지 좋은 곳의 소형 아파트에 거주하며 다른 곳에 현금흐름 만드는 것이 현명한 방법일 수 있다. 하지만 불황이 닥칠 때 그 현금흐름이 끊길 수도 있다는 사실을 알고 있어야 한다. 노후자금을 마련하고자 했는데 오히려 지키지 못하는 상황과 맞닥뜨릴 수 있다. 그럴 때 가장 위로가 되는 게 실물 자산이다.

그래서 나는 뒤늦게 공부를 시작했고 현재의 자본을 이

룬 것이다. 세상은 거저 되는 것이 없다. 관건은 누가 하루라도 먼저 실행하느냐다. 부동산값이 폭등하면서 부동산에 대한 인식이 달라졌다. 너도나도 지금 안 하면 자산을 불릴 수 없다고 판단하기 시작한 것이다. 예전에는 부동산 투자자를 투기꾼으로 여기기도 했다. 그리고 부동산 공부한다고 하면 위험한 것을 왜 하냐며 좋지 않은 시각으로 봤다. 그러나 지금은 부동산 공부를 하지 않고, 부동산 투자를 하지 않는 사람을 답답하게 보는 분위기마저 형성됐다.

부동산 대책이 바뀌어도, 부동산 상승장이 멈춰도 이익을 내는 방법이 있다. '대장 아파트'를 찾아내 아파트끼리 비교하며 집을 사는 방법이다. 대장 아파트는 지역에서 가장 비싼 아파트를 말하는데, 이런 아파트는 모두가 살고 싶은 입지 좋은 아파트다. A라는 동네와 B라는 동네에 있는 대장 아파트를 비교하고, 그 아래 가격대 아파트 가격을 비교하며 상대적으로 저평가된 아파트를 알아내는 것이 방법이다. 이를 알아내기 위해 굳이 부동산중개소를 일일이 찾아다닐 필요는 없다. 대장 아파트 찾는 방법은 부동산 빅데이터 플랫폼 '호갱노노'나 '아실'을 이용한다. 지금은 데이터 시대이므로 부동산 플랫폼 앱 몇 개는 활용할 줄 알아야 한다.

■ 호갱노노

*호갱노노 메인화면에서 기준을 설정하면, 거기에 맞는 아파트 목록을 찾을 수가 있다.

■ 아실 메인화면

*최고가 아파트 순위, 급등 지역 등 빅데이터가 정리가 잘 되어 있다. 아파트 가격 비교도 쉽게 할 수가 있다.

　　대장 아파트를 찾아내기 위해서는 일단 기준이 필요하다. 평수 기준은 34평이다. 세대수는 서울, 수도권, 인천은

1,000~1,200세대로, 지방은 1,000세대 이상으로 설정한다.

전국 입주 동향과 미분양을 알아보려면 '부동산 지인'을 활용한다. 전국시세는 'KB부동산시세'를, 아파트끼리의 가격 비교, 과거 가격 흐름과 교통망, 전국 학군 등을 알아보려면 '아실'을 이용한다. 플랫폼마다 특징이 있으므로 골고루 사용해보고 익히다보면 자연스럽게 부동산과 친해질 수 있다.

누구나 이런 빅데이터 플랫폼에서 고급 정보를 얻을 수 있다. 다만, 이를 토대로 공부하지 않는다면 그곳에서 얻은 정보가 숫자에 불과할 뿐이다. 흩어져 있는 정보에서 나에게 필요한 정보를 취합해 나만의 작품을 만들어야 한다.

그 사람의 자산을 보면 그 사람의 생각 크기가 보인다. 똑같은 액수의 돈이라도 어떤 주인을 만났느냐에 따라 겉으로 드러난 모습은 현격한 차이를 보인다. 공부하여 근사한 내 집을 마련하면 스스로 당당해지고 뭔지 모를 든든한 힘이 생긴다. 그것은 자산이 불어나서가 아니라 미래에 대한 자신감과 포부, 희망이 아닐까 싶다.

50대에 부자가 되기 글렀다고 포기하지는 말자. 실제로 내 주변에는 50대에 처음 부동산 투자를 시작해서 적잖은 돈을 번 사람이 많다. 급상승장이 아닌 시장에서도 말이다. 조금 늦었다고 언제까지 어깨 처지며 살 것인가? 남이 했으

50에 시작해도 늦지 않은 부동산 투자

면 나도 할 수 있다는 당찬 포부를 갖고 시작해보자. 늦은 나이란 없다.

설사 늦었다 한들 누가 구제해줄 것인가? 이 세상 누구도 날 구제해주지 못한다. 나 스스로 해야 한다. 시간이 적고 많고는 사람마다 차이가 있을 수 있다. 그것 또한 내가 극복해야 한다. 시간이 없으면 남보다 몇 곱절 더 노력해야 하지 않을까?

집이 있어도 하위 20%에 속하는지, 그럭저럭 60%에 속하는지 내 집의 현주소를 파악 못 하는 사람들 또한 공부를 해야 한다. 아무리 돈이 많아도 부동산 공부가 부족하면 돈의 가치는 시간이 지날수록 떨어지게 돼 있다.

50대 부동산 투자 팁

지금은 데이터 시대이므로 부동산 플랫폼 앱 몇 개는 활용할 줄 알아야 한다. 모든 가격 기준은 34평이다. 지역을 지정하고 평수, 세대수, 연도 등을 지정하여 1등 아파트를 검색해보자. 호갱노노, 부동산지인, 아실, KB시세 등을 목적에 따라 고루 활용하면 좋다. 어떻게 이용하는지는 각 플랫폼에 친절하게 소개가 돼 있으니 공부한다는 생각으로 접근해서 하나씩 클릭해보자.

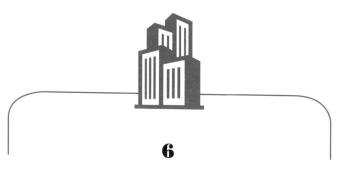

6
채권vsELSvs펀드vs부동산

어느 날 은행을 갔는데 지점장이 상품 하나를 권한다. 채권이었다. 인천 남구 용현동 SK뷰를 건설하면서 SK건설이 채권을 발행했는데, 나에게 소개한 것이다. 1년 6개월 만에 4%의 이익을 냈다. 1억 원을 맡겼는데 800만 원 조금 못 미치는 수익을 거뒀다. 그 후, 산본 무궁화 아파트 22평을 전세를 끼고 3,000만 원에 매입했다. 이 아파트로 1년 6개월 만에 1,500만 원 차익을 냈다. 그때 깨달았다. 금융자산보다는 부동산이 훨씬 강력한 재테크 수단이라는 사실을 말이다. 지점장을 통해 채권과 함께 ELS, DLS, 펀드 등 여러 가지 상품을 소개받았으나 부동산만큼 매력적이진 못했다. 그 뒤부터 나는 부동산 공부를 본격적으로 하기 시작했다.

공부를 시작하고 나니, 마음이 바빠지고 하루빨리 부동산 하나를 매입해야 한다는 생각에 전화기를 손에서 떼지 못했다. 원하는 물건이 나왔다는 중개사의 전화를 기다리기 위해서였다. 그렇게 두 달을 보내고 드디어 매수 체결을 했다. 그 과정을 거치면서 한 가지를 알게 됐다. 열심히 일해서 번 돈만이 당당하고 떳떳한 것이라고 생각하며 살았던 지난 삶이 얼마나 가난한 마인드였는지 말이다. 투자 지식이 없으면 부자가 부를 쌓는 속도를 따라갈 수가 없다. 아무리 열심히 일해도 버는 돈이 부동산에 투자하여 증가하는 속도를 따라갈 수 없다는 것이다.

62세 C씨는 젊었을 때 가구점 사업을 했다. C씨는 2006년에 송도 역세권의 송도웰카운티 54평을 분양받아 10년 거주했다. 지금 시세 13억 원이다. 현재는 세를 내놓았는데, 보증금 2억 원에 월 150만 원을 받고 있다. 그 돈은 노후자금으로 활용하면서 실거주는 청라 30평대(5억 원 매수, 현재 시세 8억 8,000만 원)에서 살고 있다.

C씨는 부동산 가격이 떨어지는 것에 큰 신경을 쓰지 않는다. C씨가 해당 아파트를 분양받고 난 이후에 부동산 시장은 하락했다. 33평형은 1억 원 가까이 떨어지는 상황이었다. 하지만 C씨는 알고 있었다. 그 시간만 버티면 결국 부동산 가격이 오르리라는 사실을 말이다. 지금도 경기가 좋을 때나 나쁠 때나 도움이 되는 건 실물 자산밖에 없다는 믿음을 가지고 있다. 경제소득이 줄어들 때쯤이면 C씨처럼 가지고 있는 부동산을 쌓아두지만 말고 활용하여 스스로 돈을 벌게 해야 한다.

56세 P씨는 2016년 송도웰카운티 2단지 49평형을 5억 6,000만 원에 매수했다. 그리고 6,000만 원 정도를 들여 인테리어를 한 다음 전세로 임대했다. 남편의 직장이 송도에 위치해서 쭉 송도에 살았지만 남편이 은퇴한 후에는 굳이 그곳에 살 필요가 없었다. 그래서 노후 대책으로 갭투자를 했다. 매수 후 2년 정도 집값이 오르지 않아 걱정을 많이 했다고 한다. 은퇴자금이 그곳에 묻혀 있었기 때문이다. 하지만 부동산 가격이 상승해 결국 P씨의 선택이 옳았음을 증명했다.

이렇듯 은퇴를 할 즈음 어떤 선택을 하느냐가 중요하다. P씨처럼 안목을 길러 실물 자산에 묻어 둔 사람들은 은퇴 후에도 여유로운 생활 수준을 이어갈 수 있다. 그러나 준비 없이 은퇴하면 시행착오를 겪고 생활의 큰 변화를 맞이하게 된다. 자칫하면 경제 활동을 할 때보다도 더 고생하게 된다. 젊었을 때는 어느 정도 헤쳐나갈 에너지라도 있지만, 은퇴 전후에 준비 안 된 삶은 한 번 무너지면 회복하기가 쉽지 않다.

　나도 부동산 투자 전후를 생각하면 아찔하다. 부동산에 투자하지 않았다면 끊긴 수입을 어떻게 충당했을 것이며, 그나마 벌어놓은 자산은 어떻게 지킬 수 있었을까. 실물 자산에 묻어두었기 때문에 자산이 하락하지 못하게 울타리 역할을 할 수 있었다. 은퇴 전에 미리 자산을 서서히 편집하는 시간을 가져야 한다. 주거를 위한 자금과 현금흐름을 위한 자금을 분리하는 등, 생활여건에 따라 돈의 명목을 정해 이리저리 배치해야 한다.

　49세 B씨는 넉넉하지 않은 수입을 아이들 교육비, 생활비 등에 썼다. 그러다보니 언제나 돈이 빠듯했다. 자연스레 재테크에 관심을 가지던 중 올케가 부동산으로 재테크에 성공하는 것을 지켜보며 부동산 투자를 해야겠다고 마음을 먹었다. 그리고 인천 주안동에 있는 재건축한 지 2년 된 신축 아파트 48평을 매수했다. 신축 단지라 깔끔하고 메인 동으로 인테리어까지 되어 있는 아파트였다. 이 단지는 3,158

세대가 살고 있다. 당시 매매가 4억 3,000만 원, 전세 1억 9,000만 원이었다. B씨는 실투자금 2억 4,000만 원으로 전세를 끼고 이 아파트를 매수했다. 그때가 2011년이었는데, 당시 2억 4,000만 원의 실투자금이면 어디까지 살 수 있었을까? 답은 아래에 나와 있다.

서울과 수도권은 아파트 공급량이 많이 부족하다. 윤석열 정부 때는 수도권 공급 확대로 재정비사업이 활성화되고 재건축과 재개발이 더욱더 시장에서 대두될 것이다. 지금의 트렌드는 재정비사업이다. 여기서 B씨가 간과한 사항이 등장한다. 이른바 화장발에 넘어가서 판단력이 흐려진 것이다. 넓고 깨끗한 신축 아파트라는 매력 때문에 더 넓은 시야로 의사결정을 내리지 못했다.

아파트를 살 때는 지가가 계속 상승할 곳을 찾아야 한다. 신축이지만 지가 상승이 약한 곳은 현재의 가격을 크게 뛰어넘지 못한다. 특히 B씨가 매입한 곳의 부동산은 정비사업, 즉 5층짜리 아파트 단지를 허물고 재개발한 아파트로 이미 꽃이 활짝 핀 상태였다. 꽃의 수명이 얼마 남지 않아 곧 지고 말 터였다. 꽃을 오래 감상하려면 재건축이나 재개발, 아니면 입지가 좋은 준 신축을 매수해야 한다. 이런 안목을 가졌다면 지금쯤 노후 대책이 다 해결됐을 것이다.

B씨가 매입할 당시 잠원동 한신8차가 5억 2,000만 원이었다. 전세가격이 2억 원이었으니 갭으로 실투자금 3억 2,000만 원이면 살 수 있는 상황이었다. 재테크는 부동산의 원리와 자본주의 사회의 경제 원리를 알아야 한다. B씨가 매수한 주안동 재건축 아파트는 이미 수확의 끝물이었다. 그 당시 송도는 기업 유치 실패, 공급 물량 과다로 아파트 가격이 내려간 상태였다. 강남까지는 아니더라도 인천의 강남이라고 불리는 송도에 갭으로 아파트 매수를 했으면 B씨의 자산은 지금과 많은 격차를 보였을 것이다.

B씨가 매입한 주안동 가격은 2022년 4월, 7억 5,000만 원이다. 그런데 송도 웰카운티1단지 48평의 2022년 4월 시세가 13억 원이다. 잠원동 17평의 2022년 4월 시세는 26억 원이다. 부동산은 입지가 미래가치다. 입지 다음에 물건의 상태에 따라 이익의 크기가 결정된다. 그러나 아무리 물건이 좋다고 할지라도 입지를 능가하진 못한다. 가장 먼저 입지부터 봐야 한다. 특히 50대에 하는 부동산 투자는 리스크를 줄여야 한다. 이 리스크를 줄이기 위한 가장 좋은 방법이 입지로 아파트를 찾아내는 것이다.

그렇다면 어떤 입지를 봐야 할까? 생각보다 쉽다. 첫째,

일자리다. 메인 일자리로 얼마나 빨리 갈 수 있는지에 따라 좋고 나쁜 입지가 갈리고 가격이 결정된다. 메인 일자리는 고액 연봉자들이 근무하는 곳이다. 둘째, 교통이다. 교통이 좋은 곳의 아파트는 하락장에도 큰 영향을 받지 않는다. 셋째는 교육, 넷째는 환경, 다섯째 편의시설이다. 이런 사항을 원칙으로 삼아 본인이 가진 자금으로 최선의 의사결정을 하길 바란다. 그러면 B씨 같은 실패를 경험하지 않는다.

50대가 넘어가면 경제 활동을 서서히 줄인다. 그런데 지금까지 힘들게 번 돈이 스스로 일하고 있지 않으면 비효율적이다. 결국, 생활에 타격을 줄 수 있다. 만약 당장 부동산 투자를 시작할 돈이 부족하다면 경매라도 공부해야 한다. 두드리면 길은 열린다. 없는 것 탓하지 말고 자신의 현실을 냉철히 파악하여 미래를 헤쳐나가야 한다.

나는 폐업하고 세상 살아갈 길이 없는 줄 알았다. 일해서 버는 것만이 경제 활동이라고 생각했기 때문이다. 그 당시 건강도 좋지 않았고 50이 넘은 나이에 돈벌이를 다시 찾을 수 없을 것 같았다. 그러나 그것은 착각이었다.

그럼에도 이렇게 묻는 분들이 있다. 강연할 때 자주 들었던 말이다.

"아무리 그래도 그렇지 지금 부동산 투자 하는 것은 늦지 않았나요?"

그러면 나는 답한다. 집값은 결국 오를 것이라고. 3기 신도시 물량이 나올 때까지 최소 5~7년은 소요된다. 그 물량이 나올 때까지 수요 대비 공급이 부족하다. 게다가 지금은 다주택자 일시적 양도세 완화 정책으로 흥정이 가능한 시장이다. 시장에 물건을 내놓은 매도자는 팔아야만 세금을 절세할 수 있기에 가격 조정 가능성도 있다.

적당한 매물이 나왔을 때는 매수자 관점에서 매도자의 심리를 이용할 줄 알아야 한다. 직접 나서지 말고 공인중개사에게 수수료를 얼마 더 줄 테니 가격을 얼마까지 받아달라며 미리 얘기해두는 것도 좋은 방법이다. 양도세 완화 정책은 매수자에게는 기회다. 이때 아파트를 매수하려는 의사가 있다면 적기를 놓치지 말아야 한다.

나는 돈을 불릴 수 있는 여러 투자 중에서 가장 안전한 투자가 아파트 투자라고 자신한다. 물론 주식, 채권 등도 투자하려면 공부를 해야 하듯 늦은 나이에 시작해 손해를 입지 않으려면 부동산 지식을 쌓아가며 입지를 고를 줄 알아야 한다. 그게 50에 시작해도 돈을 불릴 수 있는 부동산 투자다.

50대 부동산 투자 팁

서울과 수도권은 아파트 공급량이 많이 부족하다. 윤석열 정부 때는 수도권에 공급 확대로 재정비사업의 활성화가 이루어지고, 재건축과 재개발이 더욱더 시장에서 대두될 것이다. 그러므로 지금의 트렌드는 입지 좋은 준 신축과 재정비사업이다. 부동산 입지의 첫째는 일자리, 둘째는 교통, 셋째는 교육, 넷째는 환경, 다섯째는 편의시설이다. 이런 입지에 투자하면 안전하게 자산을 불릴 수 있다.

7

내 노후를 위한
부동산은 어떤 게 좋을까?

모든 길과 방향은 자신만의 속도로 가야 한다. 무주택인
사람, 1주택인 사람, 1주택도 주택 금액에 따라 방향성이 다
르다. 무주택이어도 현재 자신의 수입 여부에 따라 또 길이
다르다. 자신이 먼저 자산을 재점검해서 목표와 방향을 정해
야 한다. 투자도 상황에 맞게 족집게처럼 골라서 실행해야
한다. 그 속에서 개인적인 성향도 묻어날 것이다. 가용 범위
에서 안정적으로 자산을 편집해야 한다. 그러면 치열하게 살
아온 지난 세월의 보상으로, 남은 삶을 더 넉넉하고 편안하

게 맞을 수 있다.

지금은 100세 시대다. 은퇴 후 40년 이상은 더 살아야 한다. 40년을 살면서 존경받지 못한다면 인생이 너무 허망하다. 늙을수록 경제적인 여유가 있어야 한다. 그러려면 은퇴 전에 자산의 기틀을 마련해야 한다. 모은 월급으로는 아이들 학비와 결혼, 집 한 칸 마련하는 데 다 소모하고 정작 은퇴 후 집 한 칸만이 전 재산인 경우가 대부분이다. 그런데 내가 사는 집만으로는 생활이 안 된다. 생활비를 충당해야 노년을 보낼 수 있다.

58세 지인 A씨는 반포자이 70평에 자가거주하고 있었다. 자녀는 둘이다. 남편은 대기업에 근무하다가 은퇴한 지 1년 정도 흘렀을 때였다. 가족이 아직 함께 살고 있었고 연금 외에는 현금흐름이 부족한 상태이지만 대출은 거의 없었다.

유일한 재산인 지금 살고 있는 아파트는 일산에서 살다가 재건축되기 전에 매수하여 원조합으로 들어온 아파트다. A씨의 멘토는 지금 살고 있는 반포 아파트를 처분하여 월세 나오는 부동산으로 갈아탈 것을 권하며 꼬마빌딩을 소개해 줬다. A씨는 결정하지 못했다. 아파트 가격이 조금씩 오르기 시작해서 지금 당장 매도하기가 아깝다는 이유에서였다. 또한 주택에 살면서 임대료를 받으며 생활하는 것이 자신이 없었다고 했다. 아파트는 편의시설이 잘되어 있으며, 주거지로는 최적화된 곳이다. 그러나 은퇴 후에 생활을 유지하기가 어렵다면 방향을 전환해야 한다. 건물 관리는 전문업체에 수수료 좀 주고 대행하면 된다.

5년 전 반포 아파트는 20억 원이었고, 지금은 50억 원이다. 그런데 멘토가 A씨에게 5년 전에 추천한 강남 꼬마빌딩은 지금 70억 원 정도 한다. 최근 아파트가 많이 올랐지만, 토지를 깔고 있는 건물은 더 많이 올랐다. 지금 이런 꼬마빌딩은 물건이 없어서 못 산다. A씨는 그래도 다행이다. 기존의 편안하고 여유로운 생활 형태만 바꾸면 현금흐름을 만들 수 있는 자산이 있으니 말이다.

이렇듯 각자의 입장과 처지가 있고 그 처지에 따라서 결정을 내려 자신만의 길을 가야 한다. 누구와 비교할 필요도 없다. 다만 자신이 처한 상황을 객관적으로 볼 필요가 있으며 거기에 따른 대안을 만들고, 결정을 내려야 한다. 경제 활동을 하다가 수입이 끊기면 모든 것을 다시 준비하고 조정할 필요가 있다.

은퇴자 중 몇 퍼센트나 경제 활동 할 때와 같은 수입원을 확보했을까? 현재 처한 상황에서 다시 자산을 편집해서 현금흐름으로 생활할 수 있게 대안을 찾아야 한다.

최근 많은 사람이 부동산을 노후 대책 수단으로 선택하는 것을 볼 수 있다. A씨처럼 은퇴했거나 은퇴를 앞두고 있다면 월세처럼 고정 수익을 얻을 수 있는 부동산이 좋다. 물론 시세 차익을 얻을 수 있는 물건이어야 한다. 분양권이나 지식산업단지, 경매도 추천한다. 세대 분가와 노령화로 인해 1인 가구가 증가하므로 구축 소형으로 월세 받는 방법도 좋다. 아니면 아파트를 팔아 주인 세대에 거주하면서 임대료를 받을 있는 상가주택을 구입하는 것도 대안이다. 주택이 포함된 상가주택을 매입해 새롭게 신축하거나 리모델링한 후 근린생활시설로 용도 변경하는 방법도 좋은 투자 수단이다. 주택을 근린생활시설로 변경할 때는 주차장이 확보되어 있고 정화조 용량이 기준을 충족하는 등의 몇 가지 조건을 갖추면 어렵지 않게 진행할 수 있다.

가로수길이나 홍대 주변을 가보면 주택 건물을 리모델링하여 근린생활시설로 용도변경한 후 상가로 사용하는 경우를 많이 볼 수 있다. 주택 건물의 경우 대출이 적거나 안 나온다고 생각하는데, 미리 매도인과 협의해 잔금 지급일 전에 신축을 위해 철거를 하거나 근린생활시설로 용도변경을 하면 대출을 더 받을 수 있다. 매도인이 1주택자인 경우 주택인 상태에서 매각해야 양도세 비과세 또는 감면 혜택을 받을 수 있다. 상가 비율이 주택 비율보다 조금 더 높으면 1금융권에서 대출을 더 받을 수 있고, 주택 비율이 더 높더라도 2금융권에서는 대출을 받을 수 있기에 은행에 문의를 해보는 것이 필요하다.

앞으로 부동산 시장은 보유세 부담과 대출 규제로 인해 주택 매물이 많아질 것으로 예상한다. 그래서 주택 건물을 저렴하게 매입해 건축행위를 할 수 있다면 충분히 좋은 기회가 될 것이다. 최근 주택시장의 규제로 지식산업센터 분양이 인기를 끌면서 2021년 분양이 많이 늘어나고 있다. 지식산업센터에 입주할 수 있는 업종이 점점 늘어나고 있다. 수요자가 늘어나고 있는 상황에 물량이 부족해질 확률이 높다. 지식산업센터는 집합건물로 건축되어 호실별 소유주가 다르다. 소규모 사업자가 부담 없이 직접 투자를 할 수 있다는 것이 장점이다.

부동산 투자 하면 주택이 제일 먼저 떠오르겠지만, 부동산 시장에서 주택이 차지하는 부분은 10% 정도다. 상가, 토지, 택지, 공장, 빌딩, 임야 등 전체 부동산 시장은 넓다. 지식산업단지는 지금 이 시기에 투자하기에 좋은 시장이다. 금융 상품은 안전성이 높지만 수익률이 극히 낮으며, 수익률이 높다 싶으면 원금 손실의 위험성이 크다. 그래서 평소 부동산에 관심이 있는 50대 전후 사람들은 매달 월세 소득을 올릴 수 있는 부동산에 관심을 두고 있다. 위에서 언급한 꼬마빌딩도 좋다. 시세 차익이 생기면서도 매달 월세도 나오는 부동산이기 때문이다.

평범한 직장인의 평균 은퇴 연령은 55세, 평균 퇴직금은 1억 원 내외다. 두 부부의 월 평균 생활비는 약 200만 원이라고 한다. 은퇴 자금으로 투자할 때 가장 선호하는 대상이 수익형 부동산이다. 2022년 상반기 광주수환지구 점포주택지는 959대 1의 경쟁률을 기록했고, 2021년 하반기 충북혁신도시내 점포주택지는 무려 3,303대 1이었다.

40~50대가 노후를 위한 준비로 점포주택지를 분양받아 건축하는 것과는 달리 30대들은 단기 차익을 위해, 그리고 여유 자금을 만들기 위해 분양받는 경우가 많다. 더 많은 수입을 얻어 더 풍요롭고 여유로운 생활을 하기 위해 어떤 방법으로 노후를 대비할 것인지 목표를 명확히 해야 한다. 그리하여 자기만의 속도로 준비하고 나아가면 큰 굴곡 없이 안정되고 평온한 노후의 삶을 맞이할 수 있을 것이다.

50대 부동산 투자 팁

살고 있는 집 한 채만으로는 노후에 충분한 생활비를 충당할 수 없다. 그렇다면 어떻게 해야 할까? 실거주 중인 아파트를 매도하여 수익형 부동산으로 현금흐름을 만드는 방법을 생각해볼 수 있다. 그러기 위해서는 자식에게 과도한 지출이 나가고 있는 것은 아닌지, 혹은 불필요한 지출은 새나가고 있지 않은지 내부 자산 관리 점검부터 해야 한다.

8
내가 부린이 시절
부동산 투자 정보를 얻었던 곳

　50대가 되면 세상 모든 일을 다 알고 있는 것 같은 착각
에 빠질 때가 있다. 그도 그럴 것이 갖은 고생을 하면서 50
대가 됐기 때문이다. 그 고생을 하며 세상 돌아가는 일을 어
느 정도는 깨달았다고 여긴다. 그런데 투자할 때 이렇게 접
근했다가는 큰일이 난다. 만약 현재 집이 없다면 부동산 매
매 경력이 아예 없는 것이다. 그럴 때는 집 한 채라도 구입한
아랫집 20대 청년이 나을 수도 있다.

　집이 한 채 있지만 이제부터 제대로 부동산 투자 좀 해봐야겠다고 나설 때도 마찬가지다. 지금까지 익힌 지식을 믿지 말고, 다시 공부를 시작하길 권한다. 그 공부는 어쩌면 멘토를 만나는 일부터 시작되는지도 모른다.

부동산 멘토의 경험과 안목은 투자자에게 엄청난 시간과 돈을 절약해주는 결과를 안겨준다. 물론 일정한 비용을 부담해야 할 수도 있지만 여기에는 돈으로 환산할 수 없는 '리스크 제거'라는 이점이 있다. 또한 앞으로 성장할 기회를 얻을 수 있다.

그래서 잘나가는 사업가는 무엇이든 혼자 하지 않는다. 책임은 혼자 지지만 결정 내리기까지 많은 자문과 실험과 검증을 거친 후 심사숙고한다. 큰 부자라고 할지라도 멘토는 꼭 있다. 그래서 더욱더 시행착오 없이 원하는 방향으로 거침없이 발전해 나갈 수 있는 것이다.

오히려 아직 성공하지 못한 평범한 이들이 고집과 생각을 꺾을 줄 모르는 경우가 많다. 남의 말도 잘 받아들이지 않는다. 부동산 공부할 때 함께했던 부자들의 공동점 한 가지는 늘 마음의 문을 열고 있다는 점이었다. 부자들은 타인의 말을 경청한다. 과거에 만났던 사람들 대부분은 경청보다는 말을 많이 했고, 자신이 익숙한 것만 하려고 했다. 새로운 것은 시도조차 하지 않으며 두려워하고 무서워한다. 부자들은 남들이 어떤 정보를 갖고 있으며 어떤 것에 관해 얘기하는지 들으려고 한다. 이들의 태도는 상당히 인상적이었고, 나에게 중요한 본보기가 되어주었다.

반포아크로리버파크 아파트는 부동산에 관심 있는 사람이라면 모르는 사람이 없다. 그 유명한 아크로리버파크 한신 1차는 재건축 분양을 2013년에 했다. 2013년이면 부동산 경기가 아주 안 좋았을 때다. 지표로는 매수세 우위로 방향을 향하고 있었지만, 시장 반응은 비관적이었다.

62세 M씨는 청약에 당첨이 됐다. 당시 분양가 평당 5,000만 원. 주변 아파트 시세는 평당 3,000만 원대였다. 비싼 분양가에 남편은 계약을 반대했다. 멘토에게 묻자, 멘토는 무조건 계약하라고 했다. 수업시간에 공부한 대로라면 계약하는 것이 맞는데, 막상 계약하자니 부담스럽기도 했고 무엇보다 남편의 완강한 반대에 망설이다가 결국 포기하고 말았다.

지금은 어떨까. 평당 5,000만 원 하던 아파트가 현재 시세 평당 1억 3,000만 원이다. 멘토는 K씨가 미처 보지 못한 부분을 보고 말해줬는데도 생각의 틀을 깨지 못했다.

멘토의 시각과 조언을 받아들이고 접목하는 것 또한 자

신의 몫이다. 세상은 매 순간 선택의 연속이다. 그 선택이 오늘의 나를 만든다. 지금 K씨는 정신과 치료를 받는다고 한다. 사실 많은 사람들이 자신도 모르는 사이 수많은 기회를 흘려보냈을 것이다. 이제부터라도 기회를 놓치지 않게 정신 꽉 붙들어 놓자. 누구에게나 시간과 기회는 주어지는데, 누군가는 흘려보내고 누군가는 잡아서 잘 활용하는 것은 무슨 차이일까? 준비되어 있느냐, 그렇지 않느냐의 차이다.

정년을 앞둔 58세 H씨는 평상시 재테크에 관심이 많았다. 그래서 일찍부터 부동산 책을 사서 공부했고 서울에 내 집 마련을 일찍 했다. 그런데 본인이 스스로 공부해서 선택한 부동산이 시간이 지나고 보니 아쉬움이 많았다. 그래서 신중히 고르고 골라 두 번째 집을 매수했는데 또 아쉬움이 남았다. 이번에야말로 제대로 된 의사결정을 하고 싶어서 이곳저곳을 열심히 다니면서 공부하여, 은퇴를 얼마 앞두고 집을 매수했다.

이번 결정은 멘토를 통해 자문했다. 대장동 더샵 판교 포레스트 11단지 34평을 분양가인 8억 원에 매수했다. 그 집의 전세가는 8억 원이다. H씨는 은퇴를 앞두고도 마음이 편안하다고 한다. 지난 세월의 경험이 약이 되어 멘토의 안목을 디딤돌 삼아 의사결정한 것이 H씨를 구해준 격이다.

나 역시 멘토를 만나지 않았으면 2016년에 부동산을 매입하지 못했을 것이다. 멘토가 없었다면 공부의 힘이 약한 상태에서 쉽게 결정하지 못했을 것이다. 그리고 그 타이밍을 놓쳤다면 폐업 후 암울한 시간을 보냈을 것이다.

2007년 남편이 사업을 막 시작했을 당시 우리는 청주의 1억 원 전셋집에서 생활하고 있던 무주택자였다. 아직도 기억이 난다. 그때 나는 그 사업이 우리 가족을 더 높은 레벨로 끌어 올려줄 수 있는 절호의 기회라고 여겼다. 그렇게 시작한 사업은 건설 현장 단체 급식 사업이었다. 9년간 나의 온 마음, 애정, 에너지를 다해서 일했다.

현장에서 열심히 뛰는 내 모습을 보고 현장에서 함께한 원청 소장님이 어느 날 이런 말씀을 하셨다.

"태 사장님은 치마를 둘러서 여자로 보이지 남자 못지않네요."

이런 이야기를 들을 정도로 강단 있게 사업에 매달렸다. 그러던 중 갑작스레 맞게 된 폐업 소식에 하늘이 무너져 내렸다.

아직도 생생히 기억난다. 폐업 전 마지막 출근 날, 늘 에

너지가 꽉 차서 모든 사업장을 누비던 몸에 힘이 쭉 빠져서는 컴퓨터 모니터 앞에 그저 멍하니 앉아 있었다. 모든 공간을 비우고 문고리를 걸어 잠글 때까지만 해도 무덤덤했던 것 같다. 그러나 집에 돌아와서 모든 감정이 한꺼번에 몰아쳤다.

출근 시간에 텅 빈 방 침대에 걸터앉아 있자니 불과 몇 주 전까지만 해도 출근 준비에 정신없이 바쁘게 움직이던 내 모습이 눈앞에 아른거렸다. 열정을 가지고 일할 수 있는 곳이 사라졌다는 것이 실감이 나기 시작했다. 막막하다 못해 캄캄하고 차가운 물속에 가라앉은 기분이었다.

그런 상황 속에서 헤쳐나올 수 있었던 것은 멘토의 적극적인 지지와 응원 덕분이었다.

나이와 상관없이 경험과 지식과 지혜가 나보다 앞서 있다면 충분히 멘토가 될 수 있다. 배움에서 나이는 잊어야 한다. 내가 필요한 지식이 있다면 누구에게 배우든 무슨 상관이 있는가. 우리는 모든 것을 다 잘할 수 없다. 먼저 깨우치고 앞서간 자가 그 분야에서 승자다.

멘토가 수업시간에 이런 말을 했다.

"지금 여러분이 투자하지 않으면 1년 뒤, 5년 뒤를 돌아봤을 때 예전의 금액이 쌌다는 것을 알게 될 것입니다."

50에 시작해도 늦지 않은 부동산 투자

부동산 투자는 시간에 미래가치를 실어 돈을 투자하는 의사결정이다. 절대적으로 시간이 많은 사람을 이기지 못한다. 시간이 부족하면 돈이 많으면 된다. 그러나 시간과 돈, 이 두 가지가 부족할 때는 꼭 전문 멘토가 있어야 한다. 곁에서 객관적인 의견을 주고 미처 발견하지 못한 부분까지도 발견해서 리스크를 제거해주는 안전 걸림망 같은 역할을 해주기 때문이다.

내 꿈을 위한 길을 빠르고 쉽게 그리고 안전하게 안내하는 역할이 멘토다. 투자에 있어서 객관적인 조언을 해줄 멘토를 꼭 동행하길 바란다. 멘토는 일찍 만날수록 좋다. 처음 시작할 때는 막 입학한 유치원생 격이므로 혼자 공부하는 것보다 멘토를 두고 함께 공부하면 시너지 효과가 난다. 그리고 교육생들끼리 투자한 내용을 공유하고 현장 방문을 통해 정보도 교류하며 유대관계를 맺을 때 실력이 더 빠르게 향상된다.

지금 돌아보면 7년 전 그때는 돈이 조금 부족해서 포기했던 물건들에 대해 아쉬움이 남는다. 지금은 아무리 노력해도 구할 수 없는 높은 장벽이 돼버렸다. 지금 이 순간에도 그런 기회가 지나가고 있는 것은 아닌지 생각해야 한다.

기회는 많으나 잡지 못하면 아무런 소용이 없다. 기회를 기회로 볼 줄 알려면 준비되어 있어야 한다. 공부하고 부동산 뉴스도 보고, 부동산 방문을 생활화해야 한다. 그런 자세로 부동산 인사이트를 키울 때 해마다 자산이 불어나는 행복한 부자가 된다.

50대 부동산 투자 팁

나는 멘토를 머니쇼에서 만났다. 매년 개최하는 머니쇼에서는 부동산 투자, 주식투자 등 돈을 불릴 수 있게 돕는 다양한 세미나를 개최한다. 부동산 지식이 전혀 없을 때는 이런 강의에서 엄청난 정보를 얻을 수 있다. 주변에 멘토가 될 사람이 없다면 머니쇼와 같은 행사를 찾아가는 방법이나 부동산 투자 강의를 수강하는 방법을 추천한다. 멘토를 만나는 가장 빠른 지름길이다.

9

50대는 부동산 투자를
하지 않는 게 위험하다

54세 지인 O씨는 28세 대학생 아들이 걱정된다. 평범한 직장에 다니는 남편의 월급을 모아 아들이 졸업하고 결혼하게 되면 집이라도 하나 사줘야 할 것 같은데 아무리 계산해도 쉽지가 않다. O씨는 그런 고민을 하다가 소액으로 투자할 수 있는 부동산을 찾아 나섰다. 시장조사 후 인천 남동구 빌라를 임장하게 된다.

임장이란 현장에 임한다는 뜻이다. 부동산을 사려고 할 때 해당 지역에 가서 하는 탐방이라 생각하면 된다. 임장하게 되면 실제 네이버 부동산 등에 나와 있지 않은 매물도 종종 있다는 것을 알 수 있다.

O씨는 2017년 6월 18평 빌라를 매입가 1억 5,000만원, 전세가 8,000만 원, 실제 투자금 7,000만 원에 매입한다. 그 뒤, GTX-B 노선 호재로 남동구의 재개발 지역 부동산 가격이 큰 폭으로 상승했다.

이 집은 감정가 1억 5,000만 원이 나왔고, 2019년에 관리처분인를 받았다. 2020년에 받은 이주비 대출 1억 원에서 전세금을 제외한 나머지 돈과, 아들이 취업해 열심히 모은 돈을 합해 구축을 사서 분가할 수 있었다. 이때 산 구축도 1년 만에 몇천만 원이 올랐다. 재개발 지역 빌라는 프리미엄이 3억 원 정도 형성된 상태다.

금액으로 보면 크지 않을 수 있는 액수지만, 이러한 단계와 방식을 실행했다는 것은 이미 자본주의 경제 원리와 실물 경제에 관한 공부가 됐다는 뜻이다. 그리고 이 과정에서 아들은 돈을 불리는 방법을 곁에서 지켜보며 집 한 채보다 더 커다란 지식을 배울 수 있었다. O씨는 아들에게 부자가 되는 법을 전수한 것이다.

부동산 투자를 시작하기 전에는 나도 부자란 먼발치에

서 바라만 봐야 하는 동경의 대상인 줄로만 알았다. 아무나 부를 이루고 살 수 있는 것이 아닌 줄 알았다. 그래도 부자가 되고 싶다는 욕망은 떨쳐버리지 못했다. 부동산을 만나고서 부터는 부자는 누구나 될 수 있으며, 부자 되기는 생각보다 쉽다는 사실을 알았다. 돈을 지키며 불리는 능력이 곧 부자 되는 길의 시작이다.

부자가 돼 얻는 것은 윤택한 생활이 전부가 아니다. 삶의 시각이 달라진다. 나 또한 부동산 투자 전후로 세상을 보는 눈과 사고가 완전히 달라졌다. 전에는 모든 일 처리를 돈이 나가지 않는 방향으로 계획했다.

그런데 지금은 돈을 써서라도 나를 지키고 챙긴다. 이제 는 내가 우선순위이다. 자산도 마찬가지다. 예전에는 모은 돈을 지키려면 무조건 아껴야 한다고 생각했다. 하지만 이제 는 돈을 제대로 쓰면 부자가 될 수 있다는 것을 알게 됐다.

아무리 저축을 하고 메모장을 들고 장을 봐가며 돈 관리 를 해도 여유는 주어지지 않았다.

하루는 이런 생각을 했다.

'내가 언젠가 사업을 하고 돈을 벌면 돈 키우는 방법을 익혀야겠다.'

그렇게 세월이 흘러 우연히 사업을 하게 됐고 돈을 벌자 다른 고민이 생겼다. 모은 돈을 불리고 싶은데 방법을 모르니 답답한 노릇이었다. 사업하면서 금융으로 채권, ELS, DLS, 펀드, 주식 등 여러 가지 투자를 경험한 터였다. 그런데 금융 투자는 수익률이 만족스럽지 못했다.

그러다 첫 부동산 강의를 통해 멘토를 만나게 되고 투자를 시작할 수 있었다. 그리고 과거에 궁금하고 갈망했던 부자의 길을 깨닫게 됐다. 돈의 액수와 관계없이 부자의 길에서 돈을 관리하는 방법은 정해져 있다. 적은 돈을 투자하더라도 돈이 불어나는 곳에 가져다 놓아야 한다.

만약 집이 없다면 집부터 사는 것이 먼저다. 이자를 갚는 동안 집값은 그 이상으로 껑충 뛰어오른다. 첫 내 집 마련을 통해 경험치로 그다음은 더 나은 선택을 할 가능성이 크다. 그렇게 자산의 몸집을 키우면서 갈아탈 목표를 정하는 것이다.

그 계획을 차근차근 실행하다 보면 돈과 시간을 효율적으로 안배하는 계획적인 삶을 살게 된다. 그러므로 더 빨리 부자가 될 수밖에 없다.

무엇이 돈을 불려주고 어디에 내 돈을 넣어야 돈이 커나가는지 공부하지 않으면 가난한 삶을 살 수밖에 없다. 투자에 성공하고 난 후부터는 불어난 자산 그 이상으로 세상 보는 눈을 뜨게 된다.

나와 함께 공부한 지인 K씨가 있다. 56세인 그녀는 과거 은행에서 일했다. 지금은 송파동 경희궁자이 34평에 거주하는데 아이들 업고 모델하우스를 다니면서 재테크를 했다고 한다.

초등학교 때 친정아버지가 돌아가시고 어머니와 두 남동생과 살면서 안 해본 고생이 없었기에 꼭 부자로 살겠다는 마음으로 열심히 공부했다고 한다. 야간 고등학교를 나와 은행에 취업하여, 동생들 학비까지 책임지는 삶이었다. 그 삶의 무게가 결코 가볍지 않았다.

어느 날 창구에서 VIP 손님이 고액을 인출했다. 아파트 살 돈이라고 하기에 조심스럽게 물어보니 OOO 아파트라며 귀띔을 해줬다.

K씨는 집에 와서 곰곰이 생각한 끝에 엄마와 상의하여 VIP 손님이 사려 한다는 그 아파트를 따라서 매입하기로 한다. 그 투자를 시작으로 부동산 전문가가 됐다.

지금 살고 있는 집도 K씨가 장만한 것이다. 처음 임장을 다닐 때는 남편에게 운전을 부탁하면 마지못해 인상 쓰며 함께 했는데, 이제는 알아서 모신다고 한다. K씨는 부자가 되겠다는 꿈이 항상 있었기에 일상에서 마주친 기회를 잡은 것이다. VIP 손님이 그냥 일 보러 왔나 보다 하고 무심히 넘기고 힌트를 얻어내지 않았다면 얼마나 많은 길을 돌아와야 했을까?

모든 성공이 VIP 손님으로 인해 이루어진 것은 아니다. K씨의 삶 자체가 준비가 되어 있었다. 부자들을 만나 보면 짧은 시간 안에 쉽게 부를 축적한 사람은 거의 없었다. 어렵게 살아온 지난 시절을 벗어나 부자가 되겠다고 갈망하고 꿈꾸고, 조금씩 시계추를 옮기듯이 방향을 틀어 오늘에 이르게 된 것이다.

기회도 스스로 잡는 것이고 꿈도 꾼 사람의 것이다. 자신을 변화시켜 주는 사람은 아무도 없다. 오로지 나 자신뿐이다. 나는 여러 사람을 만나면서 마음의 문을 열고 당당히 나서는 사람들이 부자가 된다는 사실을 알 수 있었다.

나는 50대 들어 수입이 아예 끊긴 상태에서 이렇게 기도를 했다.

'제가 지금 가고 있는 길이 옳다는 증거를 성과로 보여주세요. 내 능력으로 살아갈 수 있다는 자신감을 가질 수 있게

지금까지 투자한 것에 대한 답을 보여주세요.'

그러면 믿고 따르겠다고 말이다. 그런데 정말로 그 기도가 이루어졌다.

서울에 재건축은 400% 수익이 났고, 재개발은 그 이상 났다. 이 두 가지만 보더라도 꿈을 꿔야 무슨 일이든 일어난다는 것을 알 수 있다. 시작을 해야 결과를 낳는다. 꿈꾸며 꿈을 향하여 가는 삶은 현실에 급급한 삶과 완전히 다르다. 그리고 꿈을 실현하기 위해 투자한 물건이 결실을 보면 더욱더 발걸음에 힘이 실리고 더 큰 꿈에 도전하게 된다. 선순환이다.

첫 단추가 성공적인 결과를 낳으니 경험치가 쌓인다. 그 뒤 더 큰 파이를 선택하면서 새로운 성공의 길로 향할 수 있었다.

45세 P씨는 사업가다. P씨는 대학교 때 안 해본 아르바이트가 없을 정도였다. 스스로 학비를 조달해가며 공부를 마쳤다. 그중 한 곳의 사장님이 여러 사업체를 빈틈없이 운영해나가는 모습을 보면서 깊은 인상을 받았다. 그때 문득 이런 생각이 들었다.

'나도 사회인이 되면 저 사장님처럼 사업을 해야겠다.'

실제로 그는 결혼하고 남매를 낳은 후 꿈에 도전했다. 프랜차이즈 커피숍을 시작했는데 결과는 해피엔딩이 아니었다. 많은 고생을 하고 경험만 남긴 채 사업을 접었다.

조금 시간이 지난 뒤 업종을 바꿔 사업을 시작했다. 국숫집을 했는데, 이게 대박이 났고 사업성을 검증한 뒤 분점을 하나하나 늘려가며 많은 돈을 벌었다. 그렇게 번 돈으로 꼬마빌딩을 샀는데 이제는 사업을 하지 않아도 먹고 살 정도가 됐다.

P씨의 성공은 사업이 전부가 아니었다. 사업하면서 부동산 책을 100권을 넘게 읽었다고 한다. 사업하며 돈을 벌기전에 이미 돈을 불리는 방법까지 익혀 부자가 되기 위한 철저한 준비를 한 것이다.

이렇듯 남보다 뛰어난 성과를 거둔 사람들을 들여다보면 한결같은 공통점을 발견하게 된다. 바로 한 끗 차이가 엄청난 차이를 가져왔다는 것이다.

부자가 되겠다는 꿈을 갖고 작은 것부터 실행하여 성취감을 가졌으면 한다. 처음부터 크진 않겠지만, 성취감은 지속성과 성장성을 부여한다. 그 뒤부터는 알아서 속도가 붙어 많은 계획과 목표를 세우게 된다. 그것이 진정한 내적 성장을 이루는 행복한 부자의 표본이 아닐까.

50대 부동산 투자 팁

돈의 액수와 관계없이 부자가 되는 길에서 돈을 관리하는 방법이 정해져 있다. 적은 돈이라도 돈이 불어나는 곳에 가져다 놓아야 한다. 만약 집이 없다면 집부터 사는 것이 먼저다. 이자를 갚는 동안 집값은 그 이상으로 껑충 뛰어오른다. 처음부터 제일 나은 선택을 내리면 좋다. 첫 내집 마련을 통해 경험치로 그다음은 더 나은 선택을 할 가능성이 훨씬 높아진다. 그렇게 자산의 몸집을 키우면서 그다음 갈아탈 목표를 정하는 것이다.

PART 2

절대 잃지 않는
50대 부동산 투자 방법을 공개합니다

1

50 이후의
부동산 투자 원칙

    50에는 50에 맞는 부동산 투자 방법이 있다. 젊을 때는 이른바 전투적으로 주택 자산을 늘릴 수가 있다. 그런데 50대는 다르다. 전투적으로 투자했다가 실패하면 타격이 크기 때문이다. 30대나 40대 때는 그러면 훌훌 털고 일어날 기력이라도 있지만 50대는 좀처럼 일어설 수가 없다. 이런 실패를 줄이기 위해서, 50대는 50에 맞는 부동산 투자 원칙을 갖고 개인의 성향과 상황에 맞게 맞춤형 전략을 세워야 한다. 무엇보다 50대에는 조금씩 소득이 줄어들 것에 대비해야 한다. 50대의 부동산 투자는 아래와 같아야 한다.

첫 번째, 매달 고정적인 수입을 올릴 수 있는 상품에 투자해야 한다. 매달 고정적인 수입을 올릴 수 있는 상품으로는 오피스텔, 도시형 생활주택, 상가, 점포형 주택, 다가구주택, 게스트하우스, 고시원, 중소형 빌딩 등이 있다.

두 번째는 대기업 이전 예정 지역과 이전 완료된 지역에 투자해야 한다. 대기업 주변은 반드시 부동산 가격이 올라가고 수요가 안정적이다. 대기업 이전 지역은 지속적인 인구 유입을 기대할 수 있고 높은 소득 수준으로 구매력이 높아서 최근 인기 지역으로 급부상하고 있다. 또한 임대 수입의 안정성이 탁월해서 매월 나오는 임대 수익과 투자가치로 인해 노후에 큰 걱정이 없는 지역이다. 예를 들어 1기 신도시 분당, 성남 테크노밸리, 화성동탄신도시, KTX 광명역 주변, 하남 등을 들 수 있다.

세 번째, 환금성이 뛰어나서 출구 전략에 유리한 부동산에 투자해야 한다. 부동산 활황기에는 큰 지장이 없으나 부동산 침체기에는 가장 큰 취약점이 환금성이다. 매수는 물론이고 매도 전략까지 고려한 출구 전략을 항상 염두에 두어야 한다. 노후에 갑자기 급전이 필요한 일이 생기면 현금으로 전환할 수 있는 부동산을 취급하는 것이 합리적 부동산 투자다. 환금성이 뛰어난 부동산으로는 초역세권, 대단지, 브랜드 아파트, 조망 좋은 단지, 랜드마크, 교육, 교통 등 사람들이 많이 찾는 지역의 상품과 언제든지 잘 팔릴 수 있는 상품을 말한다.

다음 10가지 원칙은 50대라면 투자할 때 지켜도록 노력해야 한다. 몇 번 강조했듯이 50대의 자산은 어느 나이 때보다 소중하다. 자산을 제대로 지키고 조금이라도 불리려면 리스크를 최소화해야 한다.

1원칙: 여유 자금이 있다면 서울 도심 업무지구 그리고 강남 접근성을 봐라

수도권 아파트 가격은 서울 도심 업무지구나 강남 접근성에 의해 결정되는 구조다. 부동산 원리는 입지다. 얼마나 짧은 시간에 서울 도심 업무지구나 강남에 접근할 수 있느냐에 따라 체계적이며, 과학적으로 부동산 가격이 형성된다. 부동산 입지는 일자리와 교통이다. 이것이 부동산 투자의 본질이다. 서울 사대문 안과 강남을 중심으로 입지가 정해진다.

2원칙: 급지를 파악해라

부동산 가격이 오를 때는 제일 먼저 1급지가 오르고, 우산 혹은 피라미드처럼 연쇄적으로 그다음 급지로 퍼지면서 시장 전체가 시차를 두고 오르기 시작한다. 최근 5~6년 시장이 아주 좋은 표본을 보여준다. 급지 별로 타이밍이 다르다. 1급지〉2급지〉3급지(2020년 상승)〉4급지(2021년 상승) 이런 식으로 가격이 오른다.

3원칙: 상급지 갈아타는 전략을 세워라

그동안 상승 폭이 없었던 곳이 훈풍이 불 때가 있다. 좀처럼 오르지 않던 부동산이 올랐다면, 기회가 왔을 때 매수와 매도 타이밍을 판단하여 다음 상급지로 갈아타는 전략을 세우는 것이 자산 관리의 기본이다. 이를테면 40대 때 산 집이 오르지 않고 제자리에 머물렀는데 갑자기 부동산이 급등한다면, 상급지로 갈아타야 한다. 그 집이 더 오를 것 같다는 막연한 생각 때문에 머물러 있다가는 돈을 불리지 못한다. 결국 상급지에 위치한 아파트 가격이 더 오르게 돼 있기 때문이다.

강남 부동산 가격이 하락할 때, 그곳으로 갈아타면 가장 현명한 방법이다. 그 신호를 어떻게 읽을 수 있을까? 강남 부동산의 하락 시기는 압구정과 반포가 미분양이 났을 때다. 이것은 하락 신호이다. 이때 강남으로 갈아탈 수 있는 절호의 기회로 삼아야 한다. 어느 정도 준비가 됐다면 말이다. 이렇게 시장에 꾸준한 관심을 가지며 모니터링하고 나만의 목표와 계획을 세운 다음 원하는 입지로 갈아타는 작업은 그어떤 일보다 부가가치가 높은 자산 관리다. 우리의 목표는 상급지다. 상급지의 입성은 여러 가지를 시사한다. 가족의 삶의 질과 만족도를 높일 수 있고, 자산 관리에 자신감을 가질 수 있다. 그리고 세상을 보는 시야가 넓어진다. 과거와는 많이 다른 세계를 경험하게 될 것이다.

4원칙: 부동산 빅데이터 플랫폼을 활용하여 시세를 파악하자

나이가 들었다고 부동산중개소에만 가서 정보를 구할 수 없다. 인터넷에는 엄청난 데이터를 갖춘 부동산 플랫폼들이 많다. 주변 시세 파악은 언제나 중요하다. 사이트를 활용해서 파악하자. 판단력과 실행력은 선행 공부를 통해 어느 정도 확신이 생겼을 때 기를 수 있다. KB부동산, 한국부동산원에서 주간상승률을 참고한다. 전주 시세를 발표하므로 마이너스에서 플러스로 돌아설 때 매수 적기로 잡으면 된다. 반대로 플러스에서 마이너스로 꺾일 때 매도 적기로 잡으면 된다.

■ KB부동산의 주간 아파트 매매 가격지수

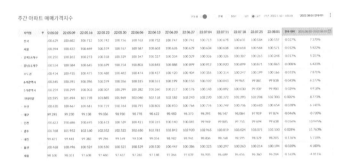

5원칙: 타이밍도 공부가 필요하다, 매수 타이밍

50대 때는 한 번 실패하면 다시 일어설 수 있을지 두려울 수 있다. 그래서 더욱 매수매도 타이밍이 중요한 시기다. 매수매도 타이밍은 시장에 깊은 관심과 시세 파악이 선행되어 있을 때 가능하다. 한시적 조세 완화로 매물이 출현할 때 호가와 실거래가가 낮은 물건이 등장한다. 이때가 매수 적기임을 잊지 말자.

부동산 지인: 공급 물량 & 미분양 등

호갱노노: 전반적 시세, 개발 호재, 전세가율 등

아실(아파트 실거래): 공급 물량, 미분양, 매수매도 심리, 시세, 대장 아파트 비교 등

국토교통부 보도자료 게시판: 미분양, 인허가 물량, 착공 물량

위와 같은 플랫폼을 통한 공급 물량 확인은 부동산 매수 적기를 잡는 데 중요한 지표다. 내가 2017년에 국제영어마을 아파트 24평을 4억 6,000만 원에 매수할 때 이런 플랫폼을 참고했다면 실수를 저지르지 않았을 것이다. 그 아파트는 3년 동안 2억 9,000만 원까지 떨어졌다가 지금은 5억 원까지 호가가 형성되어 있다. 그 당시 공급 물량과 미분양이 쌓여가고 있는데도 물건을 매수하여 기회비용을 많이 잃었다. 이렇게 미리 공부하지 않으면 시간과 비용을 지급해야 한다. 미래가치 있는 아파트를 몇 개 정하고, 비교·분석하면서 계속 관찰하다 보면 매수 시기를 가늠할 수 있다. 이런 과정이 자산 형성에 아주 중요하다. 이런 공부는 직장에서 진급하는 일보다 더 의미 있는 일이다.

6원칙: 미래가치가 있는 부동산을 찾아낸다

수도권에서 미래가치가 있는 부동산을 고를 때 가장 먼

저 고려해야 할 것은 일자리다. 지방은 철저히 교육이 우선한다. 그러면 접근 방법이 달라야 한다. 수도권은 교통 호재를 통해 연봉이 높은 일자리로 최단 기간에 접근이 가능한 부동산이 높은 가격을 형성하고 있다. 시장가격을 인정하고 가능한 가격에 매수 타이밍을 미루지 말자. 상승력과 가치는 상급지가 최고다. 가능한 상급지 진입을 추천한다. 내가 좋아하는 부동산이 아닌 모두가 좋아하고 남들이 선호하는 부동산이 상품 가치가 높다. 물론 처음부터 좋은 물건을 살 수는 없다. 각자 형편을 제대로 파악한 후, 접근할 수 있는 부동산을 사기를 추천한다. 목적지는 한 곳이지만 가는 길은 다양하다. 각자 처한 상황이 다를 것이다. 현재 가진 돈이 얼마이든, 처한 상황에서 가장 좋은 상급지 아파트를 사야 한다.

7원칙: 목표 대상물을 먼저 정한 다음 자금 계획을 세운다

흔히들 부동산으로는 짧은 시간에 큰돈을 벌 수 없다고 말한다. 그런데 이는 주식 투자도 마찬가지다. 전문가들이 장기투자하라고 하지 않던가. 그런데 부동산 가격은 오르는 폭이 짧은 기간에도 상당해서 50대에 계획을 세우고 투자해도 성과를 낼 수 있다. 다만 중요한 것은 공부, 공부, 공부다. 그리고 목표다. 한 곳을 향하여 가되 누구나 같은 방법으로 접근할 수 없을 것이다. 직장, 학교, 자금 계획에 따라 자본금을 늘리면 선택 폭이 넓어 길이 다양하다. 그러기 위해서 내가 가지고 있는 자산을 편집해야 한다.

무주택자는 내 집 마련 시기를 조율하지 말고 가능한 빨리 적극 매수를 권한다. 1주택자는 지금보다 더 나은 상급지를 향하여 준비하고, 다주택자에 대한 규제와 현 정부의 정책을 봤을 때, 주택보다는 꼬마빌딩 등 다른 부동산으로 자산 증식을 하는 것이 좋다

정부가 추진하는 공공재개발과 공공 직접시행 정비사업의 실행 가능성은 부정적이다. 정부 목표 대비 실제 5년 내 착공 실적은 상승장 하락장 상관없이 많아야 20% 안팎이다. 23만 3,000 가구(광명 시흥 신도시 포함)가 공급될 3기 신도시 중 2030년까지 아파트 몇 가구가 입주할까? 공급계획 대비 입주 물량은 30%로 보고 있다. 7만 가구 남짓이다. 입주 시기는 물리적으로 2026년부터 가능하다. 그런데 실제 입주 시기는 일러야 2028년부터 시작될 것이다.

공급 계획만으로 상승장에서 집값을 잡을 수 없는 이유는 무주택자에겐 상승장에서 생존권이 좌우되기 때문이다. 충분한 입주 물량이 쌓이는 공급 증가 사이클이 아닌 시점에 주택 취득을 막는 규제 정책이 쌓이면 전세 수요가 늘어난

다. 전셋값이 오르면 무주택자는 전세 난민이 된다. 결국, 전셋값이 매매가를 끌어올리고 대출 규제 수위가 높아지면 계층 이동의 사다리는 사라진다.

수도권 하락장에 미치는 최대 변수는 수도권 미분양 추이, 그리고 전세가율이다. 과거에는 서울 강남 준신축(지은지 6~10년 된) 기준으로 전세가율이 40%대로 떨어지면 가격 거품이 심해 하락장이 임박했다는 신호였다. 자금 계획이 없다면 이 신호를 놓칠 수 있다. 지금은 전세가율 60% 안팎을 신호라고 본다.

▌ 아파트 매매 가격대비 전세가격비율

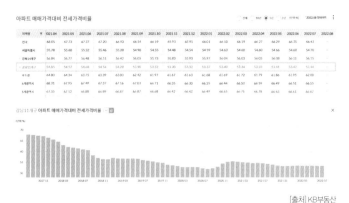

[출처] KB부동산

*KB부동산뿐만 아니라, 여러 부동산 빅데이터 플랫폼에서 전세가율을 설정에 아파트를 찾을 수 있다.

8원칙: 한 번 의사결정으로 큰 결과를 기대하지 마라

50대가 들면 구입한 집에서 오래 살고 싶다. 이왕에 그 집 가격이 많이 올랐으면 하는 생각도 한다. 그런데 막상 집을 사놓고 보니 다른 아파트 가격이 훨씬 더 오르면 실망하기에 이른다. 한 번의 의사결정에 큰 결과를 기대하지 말자.

조금씩 징검다리를 이용하듯이 집을 갈아타면서 자본금을 불려가며 원하는 지역으로 진입하는 계획을 짜기를 추천한다. 청약 가점이 아주 높다면 청약으로 내 집 마련 계획을 하고, 가점이 낮다면 지금 가용 가능한 금액을 동원하여 최대한 마음에 드는 집을 사야 한다.

9원칙: 내 집 마련의 가장 좋은 시기는 지금이다

부동산 매수 시기는 언제인가? 부동산 공부가 부족한 50대에 물어보면 여기저기서 들은 지식을 꺼내 들 수도 있다. 하지만 부동산 투자로 돈을 좀 만져본 50대에게 물어보면 답이 신선하다. '내가 내 집 살 때가 매수 시기다'라고 말이다. 경기와 정책에 흔들리지 말고 상급지 진입에 목표를 두고 지렛대 등 자금을 총동원하여 하루빨리 입성해야 한다. 내 집을 통한 자산 형성이 가장 빠른 길이다.

적당한 곳에 살면서 투자하면 자산을 늘릴 수 있지 않겠

냐는 발상은 상급지의 오름폭을 체감해보지 않았기 때문이다. 부동산 상승장 때가 되면 상급지는 가장 빨리, 가장 많이 오른다.

10원칙: 똑똑한 한 채 갖추어 놓고 분산투자해도 늦지 않다

50대라면 자본 여력이 그 전보다 나을 수도 있다. 그런데 돈은 나눌수록 힘을 받지 못한다. 뭉쳐서 대출을 받고, 지렛대를 활용해 자본 수익을 최대한 극대화하는 전략을 세우길 바란다.

징검다리를 이용하여 갈아타려면 내 집 주변 시세부터 파악해야 한다. 앞에서 말했듯 KB부동산시세와 한국부동산원에서 매주 시세를 발표한다. 시세를 파악하면서 매수를 준비하는 시간을 갖는다. 시세를 파악하다 보면 부동산 흐름을 알게 된다. 그러면서 부동산에 대한 식견이 넓어지고 비교 대상 물건이 보이면서 네이버에 나온 물건이 비싼지 싼지를 알아차리게 된다. 좀 싸게 나왔다, 싶으면 중개사에게 조금 더 돈을 쓰고 물건을 매수할 수 있다. 시기는 상관없다.

처음부터 자산을 분산하여 투자하지 말고 똑똑한 한 채는 갖추어 놓고 분산투자해도 늦지 않다. 앞으로 공급이 5~6년 사이에 없으므로 긴 안목을 가지고 접근해야 한다.

특히 서울 재건축 아파트 가격에 주목해야 한다. 공급이 부족해 부동산 시장이 급상승했기에 지금 재건축, 재개발을 진행하지 않으면 5~6년 후에도 시장은 불안할 것이다. 지금 재건축을 진행하면 중장기적으로 부동산 시장은 가격 적정선을 찾아 안정성을 찾을 수 있다.

지금은 이른바 '영끌(영혼을 끌어모은)' 매수가 불가능한 상황이다. 대출 규제로 인해 부동산 매입 장벽이 높아졌기 때문이다. 그러나 자본 여력이 있는 50대는 가능하다. 분산 투자한 자산을 모아보자.

50대 부동산 투자 팁

혼란한 정치와 정책 속에서 개인의 현명한 판단을 요구하는 게 자본주의 사회다. 내 집 마련을 할 때는 정책과 금리에 휘둘리지 말고 내가 돈 있을 때 원칙을 지키며 매입하길 바란다. 50대에 계획을 세우고 투자해도 충분히 성과를 낼 수 있다. 매수 타이밍? 무주택자라면 지금이 타이밍이다.

2

50대에게
가장 필요한 부동산은
첫째도, 둘째도, 셋째도 이것

　돈을 아끼고 착실히 모아 한 번에 좋은 동네, 이른바 상급지로 들어설 생각을 하는 분들이 있다. 계산기를 두드리며 50대 때는 어디에 들어갈 수 있겠네, 하면서 말이다. 그런데 그런 분 중에 50대가 되어서 원하는 동네에 들어간 분들을 많이 보지 못했다. 왜냐하면, 노동해서 번 돈보다 집값 오르는 속도가 무섭도록 빠르기 때문이다. 그런데 똘똘한 집 한 채를 일찍부터 장만한 사람들은 현명하게 집을 갈아타며 상급지에 들어선다. 50대에게도 이런 똘똘한 집 한 채는 큰 무기다.

똑똑한 한 채가 왜 중요할까? 문재인 정부 때 부동산 정책과 규제가 시작됐고, 세금 중과를 피하기 위해 '똑똑한 집 한 채'의 중요성이 커졌다. 소득도 양극화, 부동산도 양극화로 속도를 내면서 상위 1% 안에 드는 부동산은 전국에서 찾는 수요가 많아 하늘 높은 줄 모르고 올랐다. 특히 부자들의 '똑똑한 집 한 채' 반포아크로리버파크는 모르는 사람이 없을 정도다.

평범한 사람에게도 똑똑한 집 한 채는 정말 중요하다. 똑똑한 한 채로 잘 커나갈 수 있는 곳에 집을 소유해야 자산 증식에 합리적이다. 비싸고 누구나 사고 싶은 아파트를 소유해야 똑똑한 한 채인가? 꼭 그렇지는 않다. 자신에게 가장 똑똑하면 그것이 똑똑한 한 채다.

현재 50대에게 이 똑똑한 집 한 채가 없다면, 자산 증식에 힘을 낼 수가 없다. 여러 군데 투자해봤자 경기가 좋지 않을 때는 다 마이너스 수익을 낼 뿐이다. 그런데 똑똑한 집 한 채는 경기를 타지 않고 가격을 형성한다. 많은 사람이 그곳에 살기를 원하기 때문이다. 긴 시간을 두고 보면 수요가 있는 집의 가격은 언제나 우상향한다.

주택은 시세 차익형으로 임대 수익이 높은 편이 아니다.

주거용 부동산은 안전한 자산이긴 하지만 수익률은 우리나라에서는 낮은 편이다. 그럼에도 자산 여력이 되면 인근 아파트 가격을 이끌고 있는 대장 아파트를 살 것을 강력히 추천한다. 여러 채를 가지고 있다가 매도할 때 양도세를 많이 내는 것보다는 입지 좋은 곳 한 채가 훨씬 더 유리한 게 현재 부동산 정책이다.

물론 한번 형성된 가격이 일시적으로 빠질 수는 있다. 그러나 본격적인 상승이 시작된 2014년 이전 가격으로 회귀하기는 쉽지 않다. 공포 수준의 낙폭은 없을 것이므로 똘똘한 한 채를 입지 좋은 곳에 매수하면 일시적인 시장 흐름에 자산이 흔들릴 일은 거의 없다.

다주택자에 대한 종합부동산세와 각종 세금 규제 측면에서도 똘똘한 한 채는 조세 저항을 적게 받는 현명한 방법이다. 실제로 재산세와 보유세로 인해 강남3구에서는 자녀에 대한 증여가 많이 늘어나고 있다. 입지가 보통이거나 일자리 중심지에서 조금 떨어진 곳에 여러 채를 갖기보다는 입지 좋은 곳에 한 채를 갖는 게 훨씬 유리하다는 판단으로 말이다. 부자들은 주택으로는 똘똘한 한 채만 남기고, 자녀 증여까지 마친 다음 나머지 부동산은 과감히 처분하여 비주택 부동산으로 움직였다. 그리하여 최근 강남에는 꼬마빌딩이 없어 사지 못할 정도다. 수익률을 따져보면 절대 나올 수 없는 빌딩 가격인데도 시중에선 없어서 거래를 못할 정도로 대기 수요가 많다.

주택에 대한 각종 규제가 생기면, 부자들은 규제를 피해 다른 방법으로 자산을 불릴 방법을 찾아간다. 시장은 끊임없이 움직이고 있는 것이다. 문재인 정부가 들어설 때 $135m^2$ 초과 아파트 가격이 10억 원 이상 상승하면서 많은 규제와 정책을 펼쳤다. 그럼에도 집 한 채에 대한 세제 혜택이 있기에 사람들은 똘똘한 집 한 채를 최대한 유지하려고 한다. 이런 현상은 전국 입지 좋은 곳에서 나타나며, 특히 공급량이 많이 부족한 서울, 그중에서도 강남4구에서 두드러진다.

유동성 시장에서 실물 자산에 대한 중요성을 사람들이 인식하게 되면서 이런 변화가 가속화되었다. 실제로 지난 상승장에서 주택 유무에 따라, 그리고 서울 및 수도권에 부동산을 소유했느냐 그렇지 못했느냐에 따라 자산 격차는 많이 벌어졌다.

50대는 격차를 벌릴 수 있는 시기를 이렇게 만나왔다. 그때마다 '지금 때가 아니래…' 같은 마음으로 지나쳐온 경우도 많을 것이다. 지금이라도 늦지 않았다. 내가 부동산 공부를 시작했을 때도 아직 때가 아니라고 믿었던 사람들은 현재도 '똑똑한 집 한 채'가 없다.

똑똑하지 않은 아파트들은 어떻게 될 것 같은가. 대출 금지선인 15억 원짜리 집을 사는 것과 16억 원짜리 집을 사는 건 완전히 다른 차원이다. 10억 원쯤 했던 집값이 15억 원 문턱을 넘고 나면 그때부터는 거래가 잘 안 되고 호가만 계속 높아지는 현상이 나타난다. 대신 그 주변에 있는 조금 가치가 떨어지는 다른 아파트가 15억 원 언저리까지 따라 오른다.

똑똑한 한 채가 여전히 주목받는 것은 세금 때문이다. 과거에도 강남3구(강남·서초·송파) 아파트 거래가액은 서울 다른 지역 아파트보다 비쌌지만, 당시만 해도 수요는 분산됐다. 거주하는 집 외에 월세 수익이나 시세 차익을 얻을 수 있는 다른 지역 아파트에 투자하는 사람도 많았다. 하지만 이젠 상황이 달라졌다. 주택을 두 채 이상 가진 경우 종합부동산세를 포함한 보유세 부담이 커지면서 집을 여러 채 소유하는 것보단 가장 좋은 한 채를 갖고 시세 차익을 노리는 편이 훨씬 유리해졌다.

지금의 세금 체계가 계속되면 세금 부담 때문에 똑똑한 한 채로 가는 게 낫다고 생각하는 실거주 수요가 지속할 것

50에 시작해도 늦지 않은 부동산 투자

이다. 50대라면 당장 똑똑한 집 한 채를 구하기 위해 발품을 팔자. 똑똑하지 않은 집 한 채를 가지고 있다가는 상급지로 갈 수 있는 타이밍을 잃을 수도 있다.

50대 부동산 투자 팁

50대는 부의 격차를 벌릴 수 있는 시기를 몇 번 만나왔다. 그때마다 지금은 때가 아니라는 마음으로 지나쳐온 경우도 많을 것이다. 지금이라도 늦지 않았다. 지금 실행하지 않는 사람은 언제까지고 '똑똑한 집 한 채'를 가지지 못할 것이다. 서울 지역 매수가 가장 좋고 그 다음은 가용범위 내에서 수도권 부동산 투자를 권한다.

3

금리 인상 시기에도
영향을 받지 않는 부동산

코로나로 인해 경기는 하락하고 있을 때 부동산, 주식, 비트코인은 상승했다. 이유는 단순하다. 경기 부양책으로 통화량을 증가시키기 때문에 현금 가치는 지속적으로 하락하게 된다. 시중에 풀린 많은 돈이 사람들의 자산 속으로 빠르게 흘러가기 때문에 투자하지 않으면 내 자산 가치만 하락하여 이른바 '벼락거지'가 된다.

통화량이 증가하면 자연스럽게 그 돈이 부동산과 주식 시장으로 유입되기 마련이다. 2020년에 전국적으로 집값이 상승하고 주가가 크게 상승한 이유 중 하나다. 세계적으로 코로나 펜데믹이 많은 유동성을 유발했다. 국가의 위기가 오면 정부는 돈을 풀어 경제를 우선 살리려 하는 것이 세계적인 현상이다.

저금리에 유동성이 풍부한 환경이 갖추어지자 자산가들은 절호의 기회를 놓치지 않고 자산을 증식시켰다. 은행에 돈을 맡겨 이자를 받기보다는 은행에서 돈을 빌려 높은 수익을 올리는 투자를 계속할 수 있었던 것이다.

금리가 상승하면 저축·대출 상품의 금리 또한 상승하기 때문에 저축은 증가하고 반면 소비는 감소한다. 대출 상품 금리가 상승하면 기존 담보대출을 활용해 주택을 구매한 사람들의 이자 부담은 자연스럽게 증가할 수밖에 없다.

은행에서 대출을 받을 때 고정금리와 변동금리 중에 선택을 할 수 있는데 변동금리가 고정금리보다 이자 부담이 덜해 대부분의 사람들이 변동금리를 선택한다. 때문에 기준금리 상승으로 인한 대출 금리 상승 부담은 고스란히 대출을 하는 사람들에게 돌아간다. 매달 이자를 내야 하는 소비자 입장에서는 체감되는 정도가 다르다.

이처럼 기준금리 변동은 우리에게 직접적인 영향을 미치

기 때문에 향후 기준금리가 어떻게 변화하는지에 대해서 관심을 가지는 것이 좋다. 예를 들어 향후 지속적인 금리 상승이 예상된다면 대출을 할 때 고정금리를, 반대로 금리 하락이 예상된다면 변동금리를 선택하는 것이 좋다. 이때 어떤 선택을 하느냐에 매달 부담해야 하는 이자가 늘 수도, 줄어들 수도 있다.

우리나라의 기준금리는 한국은행 금융통화위원회를 통해 결정된다. 기준금리(base rate)란, 한 나라의 금리를 대표하는 정책금리로 각종 금리의 기준이 된다. 중앙은행은 기준금리를 정해 각종 금리의 기준이 되도록 하고 있으며, 금리 수준은 경제 상황에 맞춰 조정한다.

그런데 기준금리를 올린다는 경제 기사를 자주 볼 수 있다. 왜 자꾸 올리려 하는가? 외국인 투자자가 있다고 생각해 보자. 미국 금리가 0.5%로 올라가는데 우리나라가 1.0%이면 외국인들이 안전한 미국으로 다 가져가 버린다. 코로나 팬데믹 이후 미국에서 양적 완화를 하며 마이너스 금리를 유지했는데 시장에 돈이 너무 많이 풀리자 현금 유동성이 풍부해져 주식 가격, 부동산 가격이 폭등하고 물가가 치솟기 시작했다.

그러면서 시장은 인플레이션이 찾아오게 된다. 인플레이션, 지금 우리나라는 물론 전 세계에 닥친 상황이다. 미국에 인플레이션이 찾아오자 실업률이 저조하다는 이유로 긴축 통화정책을 펴기 시작했다. 미국이 기준금리를 인상하면 달러 가치는 올라간다. 달러 가치가 올라가면 우리나라에 들어와 있는 투자 자금이 미국으로 빠져나가게 된다. 그러면 우리나라 시장에 영향을 미치기 때문에 외국 자본을 묶어두기 위해 금리를 올릴 수밖에 없다.

기준금리가 그대로면 우리나라에 투자하던 외국인들은 달러의 가치가 상승함에 따라 주식을 처분하고 떠나게 된다. 그럼 우리나라 기업은 가치가 떨어지고 경영에 어려움을 겪게 되어 시장에 악영향을 끼치게 된다. 그렇기에 미국이 금리를 인상하면 우리나라는 더 높게 금리를 인상해야 외국 자본을 끌어올 수 있는 것이다. 그래서 미국의 금리 인상 속도를 우리나라가, 아니 일반 사람들조차 항상 예의 주시할 수밖에 없다.

50대에 금리를 잘 모르면 지금까지 손해를 많이 보고 살았던 것이다. 투자를 할 때도 금리를 알아야 하지만 대출을 할 때도, 집을 살 때도 금리를 알면 손해 보지 않는다. 이를

테면 명목금리, 실질금리에 대해 들어봤는가? 일반적으로 표시되는 금리를 명목금리라고 한다.

이 명목금리에서 물가상승률을 고려해서 실질적인 가치를 반영하는 게 실질금리이다. 예를 들어 물가상승률이 3%일 때 투자자가 은행에서 3% 금리의 예금에 가입해 이자를 받는다고 한다면 실질적으로 돈의 가치는 증가한 것이 없다. 이때 실질금리는 거의 제로다. 금리를 모르고 은행에 돈을 맡겨두었다가는 사실 큰 피해를 입고 있는 것이다.

요즘 금리가 3%에서 갑자기 6~7%까지 상승하고, 대출 규제를 가한 것은 다 미국의 금리 인상과 밀접한 관련이 있다. 올해 우리나라 물가가 한국은행 전망대로 연 3% 수준을 달성할 경우 적정 기준금리는 연 2.5%가 될 것이라는 예측이 있다.

금리를 2.5% 수준으로 맞추기 위해서는 최소 5번은 금리를 인상할 것이라고 한다. 따라서 금리는 2022년에 계속 상승할 가능성이 높다. 기준금리가 높아지면 가산금리도 덩달아 높아지기 때문에 금리가 부담스러운 것은 사실이다. 그러나 현재 부동산 대출은 철저한 규제로 인해 촘촘하게 관리하고 있다.

LTV(주택담보대출비율), DTI(총부채상환비율), DSR(총부채

원리금상환비율)로 규제 지역은 40% 미만, 비규제 지역이라 해도 70% 정도만 대출이 가능하다. 신용대출이나 그 외 개인 대출을 영끌로 받지 않은 이상, 담보대출에 대한 금리 인상만으로는 큰 문제가 되진 않는다.

금리가 인하하면 신규 분양자와 기존 대출자들은 혜택을 본다. 그런데 신규 분양의 진짜 혜택은 분양을 받을 수 있는 가다. 금리 인하 혜택이 중요한 게 아니다. 금리가 낮아지면 중도금 무이자로 진행되는 대출 물건이 많아질 수는 있다. 중도금이 무이자면 분양가가 조금 비싸더라도 분양이 더 잘된다. 저금리 때는 부동산 투자에 좋은 시기다.

그러나 금리 인상이 계속되면 부동산도 타격을 받게 된다. 부동산 가격이 단순히 금리만으로 결정되는 것은 아니지만 금리 인상은 투자 심리를 위축시키고 자산 가격이 하락하는 방향으로 작용한다.

기준금리도 인상을 예고하고 있고 시중은행과 제2금융권인 저축은행들도 금리를 올리고 있다. 하지만 모든 부동산이 금리에 영향을 받는 게 아니다. 부동산은 금리에 민감한 부동산과 민감하지 않은 부동산으로 나뉜다.

누구든 살고 싶어 하는 9억 원 이상의 아파트는 금리와 거의 상관이 없는 부동산이다. 이유는 이런 아파트들은 대출이 거의 없기 때문이다.

수도권 모든 지역이 투기과열지구 혹은 조정 지역 대상이다. 이런 지역은 애초에 영끌이 불가능한 곳이기 때문에 대출이 없고, 따라서 금리에 민감하지 않다. 서울의 아파트 중위 가격이 11억 원을 넘었다. 서울 주택 절반은 대출이 나오지 않는다. 서울 수도권 등 주요 지역들은 대출이 최대 40% 정도다.

다시 말해 서울 수도권 주요 지역의 아파트들은 대출 규제로 인해 대출금 총액이 처음부터 낮으므로 금리 인상으로 인한 영향이 적다. 고금리 시대, 투자 대상은 서울 수도권 주택이다.

그렇다면 금리에 민감한 부동산은 어떤 경우인가? 저가 주택시장은 대출을 받아 내 집을 마련하려는 실수요자가 많다. 금리 인상기에 저가 부동산 지역의 집값이 흔들리는 원인이다. 또한 금리보다 수요, 공급, 통화량 등과 같은 다른 요소가 집값에 더 큰 영향을 끼친다. 집값 상승률이 가장 낮았던 시기는 1차 금리 인하기다.

금리 수준도 2010년~2012년 동안 5차례를 올렸다. 1차 인상기의 절반밖에 되지 않지만 전국 아파트 매매가 상승률은 1.2%에 그쳤다. 금리보다 국제 금융 위기라는 외적 요인에 집값이 휘둘렸기 때문이다. 집값이 낮게 오른 시기는 3차 금리 인상 시기고 2.3% 오름세에 불과했다. 공급이 수요보다 많던 시기였기 때문이다.

금리 인상의 시기도 실물 경기가 과열돼 물가가 오르거나 자산시장이 과열되는 시점이다. 집값과 자산시장의 버블을 막기 위해서 금리를 인상하는데 집값과 주가가 폭락할 때까지 금리를 인상한 적은 한 번도 없다. 금리 인상은 경기가 과열되는 것을 막거나 속도를 조절하는 수단으로 활용한다. 금리 인상기와 인하기를 가리지 않고 집값이 꾸준히 올랐던 것은 부동산 가격이 금리보다는 리먼브라더스 사태 같은 외부 요인이나, 수요와 공급의 상황에 더 큰 영향을 받기 때문이다.

유동성이 풍부하면 투자는 필수다. 유동성과 금리의 직간접 관계를 투자를 통해 수익률로 자연스럽게 자녀에게 설명을 해주는 상상을 해본다. 자녀는 부모의 투자 사례를 직접 지켜보면서 살아 있는 재테크 공부를 하게 될 것이다.

나 또한 아이가 둘 있다. 큰 아이가 대학생이었을 때 소액으로 재개발 물건을 사줬다. 아이는 그 부동산을 통해 재개발이 진행되는 과정을 4년간 지켜보았다. 그 부동산이 2021년 아들이 결혼할 때 신혼집의 발판이 됐다. 저절로 부동산 공부가 된 것이다. 부모의 자산 관리가 자녀에게 자연스럽게 연계되어 자녀의 미래에 큰 교훈이 될 수 있다는 것을 잊지 않았으면 한다.

학교 공부와 부의 공부는 별개이다. 각자 스스로 깨우쳐야만 살아갈 수 있는 세상인데 자녀가 재테크 지식을 부모로부터 터득한다면 얼마나 많은 시간과 돈을 아낄 수 있을 것인가.

다시 금리 이야기를 해보자. 금리와 무관하게 살 수 있는 부동산은 무엇일까? 현재가치는 낮지만 미래가치가 높은 부동산을 사야 한다.

즉, 저평가된 부동산이다. 그런 부동산은 수요가 대기하고 있으며 증가하는 지역이다. 현재 수요보다 미래 수요가 많아질 곳이다. 대표적인 지역이 서울, 수도권에서 경기의 대표적인 4도시 과천, 성남, 하남, 광명이 모두 투자 대상이다. 경기 4도시는 서울 수요를 다 받는 곳이다. 신축은 미래가치가 매우 높다.

그리고 세종시와 화성, 성남이 있다. 이들 3곳은 일자리가 많다. 정부 부처가 밀집된 세종시는 국가가 나서서 지원하는 특별 도시로서 투자가치가 아주 높다. 2022년 8월 현재 세종시가 집값 하락을 이어가고 있지만 청약은 미분양 물량이 없다. 미래가치가 높은 또 다른 이유는 앞으로 공급 물량이 없으며 분양 가격이 현재 시세보다 낮기 때문이다.

성남은 수정구, 중원구의 재정비사업과 GTX, 테크노밸리, 1기 신도시인 분당구의 리모델링 등으로 호재가 많다. 향후 5년간 가장 주목해 봐야 할 지역이다.

화성시는 일자리가 풍부하다. GTX-A가 2024~2025년 개통 예정이다. 그리고 지식산업센터, 동탄산업단지, 동탄테크노밸리 등 많은 일자리가 예정돼 있다. 화성은 자체 수요도 풍부한 데다가 서울의 수요까지 받을 수 있어 수요 대비 공급이 적다.

인천의 경우 연수구, 남동구는 자체 수요가 있는 지역이다. 부평구, 서구는 자체 수요도 있지만 서울 수요까지 수용이 가능한 지역이다. 각 구마다 특성을 고려하여 임장을 통해 저렴한 비용으로 매수가 가능하다.

인천은 내 집 마련과 투자에 많은 기회가 공존한 곳이다. 인천은 공급이 많고 새 아파트가 많아 투자를 통해 가격 상승분으로 서울 입성을 가능하게 해주는 곳이다. 공급량이 많은 대신 구마다 배후 세력이 없는 곳과 있는 곳으로 나뉘므로 임장을 통해 확인할 필요가 있다.

부동산 투자를 하고 보니 뉴스가 들어오기 시작했다. 내 집의 가격과 뉴스와 연관 관계를 알기 위해서였다. 투자 전에는 뉴스가 나와는 전혀 상관없는 다른 세상 이야기 같았다. 그러나 투자처가 생긴 후로는 적어도 내 재산과 연관된 부분만큼은 관심을 갖게 되면서 경제 흐름을 알게 되었다.

부동산 가격은 금리와 직접 연관된다기보다 부동산 정책에 더 많은 영향을 받는다. 다만 금리는 시장에 심리적인 요인으로 크게 작용한다.

금리가 인상되었음에도 값이 소폭 하락하거나 흔들림이 적은 아파트는 우리가 말하는 최상급 입지들이다. 50대는 종잣돈의 규모나 학군과 직장으로부터 자유로운 편이라 메인 입지에 진입하기가 상대적으로 용이하다. 그러므로 금리의 영향으로 가격이 많이 흔들리는 입지의 아파트에 살고 있다면 영향을 덜 받는 입지로 자산을 옮겨 놓는 계획을 하루 빨리 실행해야 한다.

50대 부동산 투자 팁

금리가 오르면 내 부동산도 올라야 한다. 그런데도 부동산 가격이 오르지 않는다면 상급지로 갈아탈 준비를 하자. 일자리가 풍부한 화성시, 인천에서는 부평구, 서구를 적은 돈으로도 미래가치가 높은 부동산으로 추천한다. 금리가 오르면 무리한 대출로 집 사기가 어렵다. 그러나 50대는 이 시기에도 좋은 매물을 찾을 수 있는 여유가 어느 정도 있기 때문에 유리할 수 있다.

4

이 기준에 맞춰 아파트 사면
무조건 가격이 오른다

현재 집이 없다면, 아파트를 무조건 사야 한다고 몇 번 강조했다. 그런데 먼저 기준을 세워야 한다. 50대는 특히나 부동산을 고르는 데 신중해야 한다. 기준 없이 무턱대고 집을 샀다가 자산만 묶일 수 있기 때문이다.

부동산 시장이 과열되어 가격이 이미 많이 오른 상황에서 집이 없는 50대는 어떻게 해야 할까? 몇 번 강조하지만, 그런 고민을 하는 시점이 집을 살 타이밍이다. 다만 5가지 투자 원칙이 있다.

첫째, 교통이 좋아야 한다. 요즈음은 1~2개 전철이 통과하지 않는 지역이 없다. 3~4개가 통과하면 좋다. 2, 3, 7, 9호선 등이 통과하면서 환승역인 주변 지역이 좋다. 그리고 무엇보다 일자리가 우선이다. 일자리와 가까우면서도 교통이 잘 발달한 곳이 미래가치가 높다.

둘째, 사설 교육이 잘 갖춰져 있는 지역이다. 이런 곳에 위치한 집은 미래가치가 높다. 예를 들면 대치동, 목동, 중계동, 마포, 평촌, 송도 등을 꼽을 수 있다.

셋째, 편의시설이 잘 갖춰져 있는 곳이다. 백화점, 병원, 대형 할인점 등이 아파트 주변에 있으면 좋다.

넷째, 세대수가 많은 단지를 택하자. 서울은 2,000세대, 수도권, 인천은 1,500세대, 지방은 1,000세대 이상은 바라봐야 한다. 세대수가 클수록 그 단지의 편의시설이 우수하고, 관리비도 저렴해서 생활하기가 좋다.

다섯째, 주변에 공원이나 강, 호수가 있으면 좋다. 그런 곳에 슬리퍼 신고 갈 수 있는 곳의 아파트면 더욱더 부가가치가 높다.

50대 무주택자라면 특히나 이런 아파트를 찾아야 한다. 자산을 지키면서 동시에 자산을 증식시킬 수 있기 때문이다.

관심 지역에서 대장 아파트를 찾아 요건을 확인해보자. 비싼 아파트들은 위 다섯 가지 원칙에 의해 가격이 형성된 모습을 확인할 수 있을 것이다.

이게 공부다. 이런 매물을 계속 찾는 연습을 하다 보면 유튜브나 신문에 등장하는 전문가 중에 누구 말이 진실인지 구분할 수 있는 실력이 쌓일 것이다. 이렇게 쌓은 내공에 비례해 자산이 증가하는 속도 또한 빨라질 것이다. 이런 공부 시간 없이 남이 짚어주는 것을 매수하게 되면 갈아탈 때 매도 적기를 잡기 어렵다. 스스로 공부하지 않았기 때문이다. 그럴 때마다 컨설팅을 받으러 다녀야 한다.

최근에는 삼성바이오로직스, 셀트리온, SK바이오사이언스 등 미래의 먹거리, 바이오산업 핵심 지역이 급부상하고 있다. 송도 집값이 고공 행진한 이유다. 부동산 시장은 일자리와 밀접한 연관성 있다. 연봉 높은 일자리 증가는 지역의 부동산 값에 바로 영향을 미친다. 즉, 고액 연봉의 일자리가 늘어나며, 주택 수요가 증가하는 곳이 상승 여력이 높고 앞으로도 오름폭이 더 크다. 또한, 주택 공급이 없고 미분양이 없는 지역이 가격 상승 폭을 키운다. 이런 지역일수록 아파트 평균값이 높을 것이다. 그런 곳이 앞으로도 더 많이 오른다. 다시 말해 비싼 곳이 더 많이 오르고 앞으로도 더 오를 가능성이 크다는 것이다.

여기서 궁금한 점이 있을 것이다. 나이도 많고, 돈이 아예 없거나 적은데 어떻게 집을 사라는 것이냐? 여기서 말하고자 하는 핵심은 아파트의 가치 기준을 알고 부동산 빅데이터 플랫폼을 통해 공부하여, 앞으로 자산 증식을 가져올 부동산을 골라 투자하는 것이 돈을 버는 출발점이란 소리다.

아파트를 통해 내 집 마련을 할 때 개인마다 우선순위가 다를 수 있다. 각자 때와 상황에 따라 선택하면 된다. 위에서 소개한 기준점은 일반적이며 보편적인 것을 얘기한 것이다.

또 한 가지 덧붙이자면, 집을 구매할 때 개인적인 성향은 어느 정도 내려놓고 판단해야 한다는 것이다. 부동산은 모두가 선호하는 것이 비싸다. 찾으려는 사람이 많으니 가격도 당연히 높을 수밖에 없다. 그런데 개인적인 취향에 의해 집을 고르면 나에게만 좋은 집이 된다. 집을 통해 자산을 증식하려면 모두가 좋아하고 살고 싶은 아파트로 매수할 것을 추천한다.

가장 일반적이고 보편 타당한 것이 가장 수요가 많다. 위에서 이야기한 조건을 갖췄는데도 가격이 오르지 않는 아파트가 나온다면, 덜 오른 그것을 사는 것이다. 부동산은 동시에 일제히 가격이 형성되는 것이 아니다. 때에 따라서 시차를 두고 파도처럼 물결을 타듯이 가격이 형성된다. 상승 파도가 오지 않았을 때가 절호의 기회다. 이 기회를 타면 높은 파도에 오를 수 있다.

단순히 돈을 불려 나간다는 사실 외에도 성공한 투자가 주는 만족도와 성취감은 그 어떤 기쁨과도 견줄 수 없을 만큼 크다.

48세 W씨는 수지 성복동 아파트 43평을 2012년 6월 4억 6,000만 원에 매수했다. 실거주하다가 2017년 12월 6억 원에 매도하고 바로 잠원동 17평 아파트를 8억 1,000만 원에 매수했다. 당시 2017년 8.2 대책으로 하반기 부동산 가격이 하락할 때였다. 8억 7,000만 원까지 거래되던 물건이 잠시 떨어진 사이, 계속 가격을 보고 있던 W씨는 기회를 잡았다.

실거주 목적으로 부동산을 매수한다고 했을 때, 당장 들어가 살아야 하는 것으로 생각하는 경우가 많다. 그러나 실거주 여건이 안 되더라도 매수 먼저 하고 나중에 형편이 될 때 실거주를 하는 것이다. 실거주와 투자를 분리해서 생각하면 길이 쉬어진다.

W씨가 이렇게 갈아탈 때 주변에서는 새 아파트 팔고 낡고 작은 아파트를 샀다며 이해가 안 된다고 했다 한다. 그러나 갈아탈 때는 부동산의 상태를 보지 말고 입지를 첫 번째로 봐야 한다. 물건의 상태는 중요치 않다. 입지의 가치는 그 어떤 것도 따라잡지 못한다.

입지 프리미엄을 알아야 자산을 큰 폭으로 불릴 수 있다. 상급지의 입성은 아는 자가 먼저 실행한다. W씨 아파트는 재건축이 됐고, 34평을 배정받아 입주 날만 기다리고 있다. 주변 시세는 무려 46억 원이다. 이래도 자산 관리의 책임을 남에게 전가하겠는가? 혹은 안일하게 대처하겠는가?

부동산 빅데이터 플랫폼이 어렵다면 내 거주지 혹은 관심 지역에 가서 부동산중개소 세 군데 정도만 들러서 사정 얘기를 해보자. 문제는 중개사가 아무리 정보를 줘도 진짜 정보인지 호객 행위인지 알아낼 수 없다는 것이다. 혹시 주위에 부동산 투자로 돈을 벌어 본 지인이 있다면 함께 가는 것 추천한다.

50대 무주택자라면, 어느 아파트를 사야 할까. 답은 명확하다. 가격이 덜 오른 아파트를 사서 갈아타기 방법으로 자산을 불려 나가야 한다. 문제는 그것을 어떻게 찾느냐다.

부동산 빅데이터 플랫폼을 적극 활용하고 꾸준히 공부할 것을 권한다. 부동산은 동시에 오르고 내리지 않기 때문에 지역과 물건별로 봐야 정확한 시세 파악이 가능하다. 통계나 흐름을 부정적으로 보도하는 뉴스에 너무 겁먹을 필요도 없다. 오늘 같은 시장에서도 현명한 투자자는 진주를 발견한다.

50대 부동산 투자 팁

내 집 마련 시기를 알고 싶다면 '부동산지인' 앱을 통해 내가 매수하고자 하는 지역 미분양 수치를 확인하고 미분양이 없거나 적은 시기를 매수 타이밍으로 잡아라. 착공 실적이 좋다는 것은 앞으로 부동산 시장 전망을 좋게 보고 있다는 것이다. 착공 실적은 국토교통부 보도자료 게시판에서 '준공' 키워드로 검색한 다음 원하는 기간을 클릭하여 확인하면 된다.

5

상승장이든 하락장이든
거기에 맞는 부동산 투자가 있다

　무주택자 50대가 최근 상승장에서 가장 힘들어한 이유는 가파른 집값 상승장에 합류하지 못한 상황에서 비롯됐다. 집을 당장이라도 살 수는 있었다고 한다. 하지만 웬만한 집은 마음에 들지 않았고, 돈을 더 모아 누구나 알 만한 곳에 집을 사야겠다 생각하며 서두르지 않았다.

　그런데 지금 모은 돈으로는 웬만한 위치는커녕 아예 탈서울을 해야 하는 상황에 이르러서 너무도 허탈하고 힘들다고 한다.

시간은 우리를 기다려 주지 않는다. 자본주의 사회에서는 경제가 살아 움직이기 때문에 실물 자산과 화폐에 대한 이해 없이는 내가 번 돈이 내 것이 아닐 수 있다는 경제 원리를 일깨우고 있어야 한다.

상승장이든 하락장이든, 50대라면 서울 지역의 아파트에 계속 관심을 가질 필요가 있다. 서울은 일자리가 어느 지역과 비교도 할 수 없을 정도로 많다. 경기도보다도 2배 이상 많다 보니, 서울까지 쉽게 갈 수 있는 광역 교통망이 구축된 곳까지만 수요가 높다.

지방 제조업 같은 경우에는 일자리가 줄어드는 반면, 신규 스타트업이 생기는 곳은 모두 서울이다. 서울에 더 들어갈 공간이 없으니 인천이나 경기도로 수요가 몰리는 현상도 벌어진다. 시간이 갈수록 서울의 희소성은 커질 것이고, 서울 부동산은 계속될 것이다.

서울 아파트 평당 1억 원 시대가 도래했다. 34평 아파트라 하면 34억 원인 셈이다. 이 돈으로 지방에서는 건물주가 될 수 있다. 차이라 한다면, 지방에서는 그 돈을 유지하기가 쉽지 않은 반면에 서울에서는 30억이 어느 순간 60억이 되는 일이 비일비재하다는 것이다.

특히 강남구 수요는 점점 증가하고 기존 거주자들도 세대 분리로 집을 더 많이 매입하려 한다. 강남의 집을 쉽게 팔고 떠나려 하지 않기 때문에 서울과 강남은 길게 보았을 때 상승할 수밖에 없다.

그에 비해 지방은 투자자들이 들어갔다가 어느 시점에 매도하고 나오는 시장이다. 물론 지방에도 인구가 많고 자족 기능을 갖춘 도시들이 있다. 메인 일자리인 법원, 백화점, 금융권, 전문직 등의 자족 기능을 갖춘 경제 활성화 지역은 자체적으로 돌아간다. 자체 수요를 가진 대표적인 도시를 예로 들자면 부산(인구 350만), 대구(인구 250만), 인천(인구 300만)이다.

이런 도시들은 좋은 입지, 나쁜 입지가 다 섞여 있지만 핵심 입지 같은 경우에는 서울과 견줄 수 있다. 그 밖의 테두리 지역이라든지 중소 지역군 같은 경우에는 부동산 가격에 한계가 있다.

내 자산 가치를 보존하기 위해서 어떤 대응을 해야 할까. 답은 이미 나와 있다.

50대 부동산 투자 팁

노후 대책을 하루빨리 세워야 한다는 급한 마음에 가장 기본적인 원칙을 간과하지 않길 바란다. 즉 나만 아는 황금 같은 기회나 정보는 없다. 어설픈 정보에 휘둘리지 말자. 기본에 충실하자. 집은 필수제다. 기본적인 집의 구성요소는 '학군' '직장' '편의시설' 등 가족 구성원의 니즈를 충족하는 집이다. 이런 집은 오를 수밖에 없다. 누구나 좋아하는 집이 베스트임을 잊지 말기를 바란다.

6

은퇴 전후, 반드시 지켜야 하는
부동산 투자의 기본

53세 직장인 B씨는 내게 상담을 하며 이런 말을 했다.

"지금 있는 집의 전세금 시세가 2년 사이에 2억 원이나 뛰었어요. 이번에는 계약갱신권을 행사해 부담을 줄일 수 있지만 2년 뒤에는 어떻게 해야 할지 벌써 걱정입니다."

거침없이 뛰던 집값이 정부의 강력한 대출 규제와 금리 급등으로 진정되고 있지만 지난 부동산 가격 급등기는 부자들에게 손쉬운 자산 증식의 기회가 됐다. 청년층의 취업난이 지속되는 가운데 수도권과 비수도권의 일자리 격차도 더 벌어졌다.

이런 양극화 현상은 새로운 게 아니지만 코로나19 까지 겹치면서 더욱 두드러졌다. 한국의 부자들은 부동산으로 부를 이루었고 부동산 유뮤에 따라 빈익빈부익부 현상이 가속화되었다.

집값이 천정부지로 뛰면서 착실하게 돈을 모아 집을 장만하겠다는 계획을 세웠던 평범한 사람들은 하늘이 무너지는 현실과 마주했다. 이제 연봉의 차이로 자산의 규모가 달라지는 시대는 지났다. 아무리 연봉이 높아도 부를 이루는 데는 한계가 있다. 자본이 스스로 커 나가도록 하는 투자 없이는 안전한 노후를 보장받을 수 없는 것이다. 특히 한국은 2021년 GDP 3만 5,000 달러 시대에 와 있다. 시간이 갈수록 노동력의 힘보다 자본의 힘이 강력해지므로 투자 없이는 내 자산을 지킬 수가 없다. 특히 실물 자산을 빼고는 자산 관리를 논할 수가 없다.

벼락 거지, 파이어족 같은 용어들이 쏟아져 나오고 있다. 평범한 일상을 혼란스럽게 하는 뉴스들이다. 코인 투자로 월급으로는 상상도 못할 성공을 거둔 20~30대 젊은 자산가는 빌딩을 사고, 대출 없이 강남 아파트를 매입했다. 시장에 참가하지 못한 사람들에게는 지구촌 별나라 이야기로 들릴 법하다. 다주택자·무주택 가구는 동반 증가했고 부자의 부동산 자산 비중은 급격히 증가하여 59%에 달한다.

비수도권에서 청년층 유출은 가속을 밟고 있으며 수도권과 비수도권의 일자리는 임금 격차가 갈수록 커져가고 있다. 또한 정부의 부동산 정책 실패 등이 맞물리면서 부동산 자산 양극화가 심해졌다. 자산가들은 정부 규제에 구애 받지 않고 주택을 더 구매하거나 증여를 통해 기존 보유 주택을 분산시키면서 더 많은 자산 가치 상승을 이루었다.

E씨를 예로 들어보자. 50대 후반에 접어든 후 남편이 은퇴하자 노후 대비를 해야겠다는 생각에 일단 살던 집을 정리하기로 했다. 그렇게 2015년 신도림대림1, 2차(e편한세상) 49평형을 5억 8,000만 원에 매도했다. 그리고 곧이어 2억 5,000만 원을 들여 카페를 개업했다.

가족의 생계가 달렸다는 각오로 열심히 뛰었는데 매출은 좀처럼 늘지 않았다. 중간에 카페를 인수하겠다고 나서는 사람도 있었지만 투자금에 미련이 남아 차마 포기할 수 없었다. 그러는 사이 E씨가 매도한 아파트 가격은 15억 원 호가를 형성하고 있다.

은퇴 후 부동산을 처분하여 사업을 시작하는 것은 큰 위험이 따른다. 50세 이후 이런 선택을 하는 것만큼은 말리고 싶다.

돈도 젊고 힘이 있을 때 따라붙는다. 지금 명동 상권은 공실로 거의 전멸일 정도다. 그러나 10~20대의 소비가 주로 이루어지는 성수동과 청담동 상권은 발전하고 있다. 돈도 흐름이 있고 때가 있다.

50세 이후에 중요한 자산 관리 원칙을 간과하면 그동안 열심히 살아온 인생이 자칫 허무해질 수 있다.

52세 직장인 A씨는 김포 고촌의 46평 아파트를 계약금 1,000만 원 분양가 3억 원 후반대에 분양받았다. 노후를 대비할 겸, 고촌역 근처에 에어비엔비 숙소를 운영해서 월세 소득을 얻고 싶다는 생각이었다.

의외로 김포에 젊은 직장인 수요가 아주 많다. 갑자기 오른 서울 집값 때문에 주거비 부담을 줄이기 위해 사람들이 이곳으로 눈을 돌렸고, 김포의 교통이 개선되면서 A씨의 예상은 적중했다. 지금 그 아파트 호가는 8억 원대이며 에어비엔비로 월 150만 원을 창출하고 있다. 실물 경제에 대한 인식의 차이에 따라 50대도 삶의 방향이 많이 달라진다.

급할수록 침착하라고 하지 않았던가. 자산 관리에 있어 나에게 부족한 것과 필요한 것이 각각 무엇인지부터 생각 했으면 한다. 그 뒤, 하나하나 차분하게 준비하며 도전해야 한다.

지금부터는 시행착오를 겪으면 회복하기 어려울 수 있으 니 서두르지 말기 바란다. 모르는 분야에 혹하거나 쉽게 얻 은 정보에 현혹되지 말아야 한다. 검증된 사람이 주는 정보 나 실전 성공 경험이 있는 사람의 도움 이외는 쉽게 귀 기울 이지 않았으면 한다. 무엇보다 스스로 노후 대책의 해결책을 찾겠다는 주도적인 심리 아래 자산 관리 지혜를 넓혀 나가길 바란다.

위 사례에서 본 E씨, A씨의 경우는 주위에 비일비재한 사례다. 순간의 선택이 현실 갭을 큰 각도로 벌려놓았다. 여 기에서 밀려난 이들이 감당해야 할 현실은 그 격차보다 더 혹독하다.

50대의 자산은 그동안의 삶이 녹아 있는 결과이다. 한발 이라도 더 나아가는 삶의 방향으로 나를 이끌어야 하지 않 을까.

50대 부동산 투자 팁

월세 수익을 생각하고 수익률만 따지는 경우가 더러 있다. 하지만 자본 수익이 없는 선택은 위험한 일이다. 월세가 나오면서도 몸값이 상승하는 부동산으로 노후 대책을 생각해야 함을 잊지 말자. 아파트도 방법을 찾으면 임대 수익을 거두는 동시에 훌륭한 자본 수익을 만들 수 있다는 생각의 전환이 필요하다.

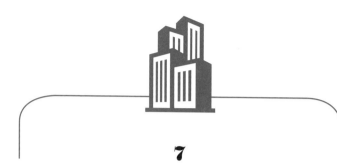

7

50대는 불황에 강한 부동산을
고르는 게 더 중요하다

불황의 파도가 심상치 않다. 그래서인지 투자에 대한 관심이 떨어지고 있다. 주식투자자는 마이너스 찍힌 계좌를 보고 있고, 부동산 빅데이터를 제공하는 플랫폼의 유입률이 떨어졌다는 말도 나온다. 그런데 지나간 불황의 역사 속에서도 많은 부자들은 투자를 하고 돈을 벌었다. 그들은 어느 시장에서든 기회를 본다. 부동산 투자도 마찬가지다. 불황에도 강한 매물로 돈이 옮겨가고 있다.

코로나 이후 대기업의 '거점 오피스' 바람이 불고 있다. 삼성, 현대, SK 등은 집에서 10~20분 거리에 거점 오피스를 만들고, '제주 한 달 살이' 거점 오피스 같은 특이한 방식을 추진해서 화제가 된 회사도 있다. 거점 오피스 상용화는 유연한 출퇴근이 장점이다. 직원들이 본사로 출근하지 않고 집에서 10~20분 거리의 사무실로 출근할 수 있도록 하겠다는

▌**현대건설의 수도권 거주 직원 분포 및 거점 오피스 현황**

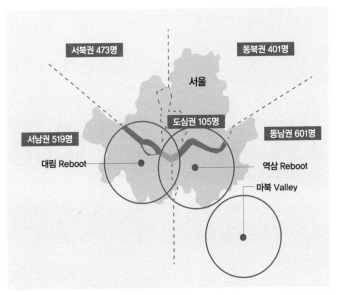

[출처] 현대건설

＊주요 대기업마다 거점 오피스 현황을 공개하고 있다.

50에 시작해도 늦지 않은 부동산 투자

방침인데, 이는 재택근무와 본사 출근의 장점을 결합한 업무수행 방식으로 풀이된다. 코로나19 사태를 거치며 늘어난 거점 오피스 업무 방식이 위드 코로나 시대에도 대기업을 중심으로 확산하고 있다.

글로벌 기업들은 이미 하이브리드형 근무가 보편적인 형태로 자리 잡는 추세다. 마이크로소프트는 올해 3월 워싱턴 주 본사 직원의 출근을 재개했지만 재택과 사무실 근무 중 자율적으로 선택할 수 있게 했으며, 구글도 전체 직원의 20%는 재택근무, 20%는 원격 근무를 할 수 있도록 했다. 국내에서 처음 거점 오피스를 도입하는 대기업들의 경우, 공유 오피스를 주로 활용하고 있다.

주변의 성공 사례를 보면, 의욕적이고 긍정적인 자세로 시장을 바라보는 사람이 부를 가져가는 것이 자본주의라는 생각이 든다. 준비된 사람에게는 거점 오피스 관련 뉴스도 엄청난 기회가 될 수 있다. 코로나가 장기화되면서 우리가 쉬고 먹고 자고 모이는 공간은 큰 변화를 맞고 있다.

우리나라 상권의 1번지인 명동의 몰락이 대표적이다. 한국부동산원 자료에 따르면 서울 명동 소규모 상가(2층 · 330㎡ 이하) 공실률은 올해 3분기 기준 43.3%를 기록했다. 규모가 좀 더 큰 중대형 상가(3층 이상 · 330㎡ 초과)도 사정이 다르지 않아 같은 기간 47.2%의 공실률을 기록했다. 코로나19 팬데믹 장기화 이전인 2021년 2분기만 해도 공실률은 0%였으나 지금은 명동의 거의 절반이 비어 있다는 얘기다. 서울 다른 지역의 상황도 비슷해 올해 3분기 기준 광화문, 홍대·합정, 이태원 등의 소규모 상가 공실률은 20% 내외를 보이고 있다.

반면 서울의 도산대로, 압구정 등 핫플레이스가 밀집해 있는 강남 상권의 공실률은 되레 낮아진 것으로 나타났다. 3분기 압구정 중대형 상가 공실률은 7.4%로 지난해 1분기보다 7.3% 포인트 낮아졌다.

같은 기간 도산대로도 10.9%로 0.8%포인트 하락했다. 역설적으로 더 독특하고 은밀하고 독창적인 공간과 맛집을 찾아 공간을 소비하는 패턴이 지속되면서 코로나 이후 더욱 매출이 늘어난 곳도 적지 않다.

공간의 변화는 오피스 공간에서도 두드러진다. 팬데믹 확산과 동시에 갑작스럽게 늘어난 재택근무는 이제 많은 기업에서 일하는 형태의 하나로 자리매김하고 있다. 그러나 재택근무는 업무의 집중도나 협업의 효율성 측면에서 여전히 한계가 있다는 의견이 우세하다. 또한 아직 우리의 주거 공간은 일하는 공간으로 대체하기에는 좁고, 독립적이지 못한 경우가 많다. 카페를 전전하는 것도 감염의 불안, 주변 소음에서 오는 피로감 등이 높은 탓에 대안이 되기 어렵다.

결국 코로나로 인한 오피스의 위기를 돌파하기 위한 대안은 공유 오피스였다. 처음 소호 창업자나 소규모 기업을 중심으로 확장하던 공유 오피스가 대기업의 거점 오피스로서 자리매김하면서 시장 규모가 더욱 확대되고 있다. 강북에 거주하는 직원이 강남의 회사 대신 강북의 거점 오피스로 출근하게 되면 출근 시간이 크게 단축되는 동시에 직원들이 동선에 따라 자연스럽게 분산 배치되면서 업무 공백을 최소화할 수 있다.

또한 조직을 유연하게 운영할 수 있다는 것도 장점이라는 의견이 많다. KT경제경영연구소는 2017년 600억 원 규모였던 국내 공유 오피스 시장이 2022년에는 7,700억 원 규모로 성장할 것으로 전망했다. 코로나는 아직도 끝나지 않았다. 그러나 인간은 항상 그래왔듯이 도시에서 상생하기 위한 공간을 만들고 적응해가고 있다.

J씨는 54세로 대학교수다. 2021년 9월, 경기도 성남시 분당구 대장동에 위치한 292세대 단지형연립주택(도시형 생활주택) 34평을 12억 원에 분양 받았다. 2023년 입주 예정

이다. 코로나로 인해 재택근무 시간이 늘어나면서 쾌적성을 겸비한 자가 주택을 찾던 중 기존 아파트 공간보다 넓게 사용할 수 있으면서 아파트의 편리함과 주택의 프라이버시를 겸비한 이 집을 선택했다. 기존 단독주택들은 대단지의 편리성을 공유하기 어려운데 J씨가 구입한 판교 SK 뷰테라스는 주 근접 단지인 판교테크노밸리가 가까이 있으며, 분당과 판교의 뛰어난 교육 학군과 현대백화점, 대형마트, 서울대병원 등 생활인프라가 잘 갖춰진 곳이다. J씨는 현 트렌드에 알맞은 재테크를 한 것이다. 생활의 만족도도 높을 것이며 노후 대책도 될 수 있다. 시세 차익 또한 클 것으로 보인다.

선호하는 주택 트렌드와 대기업의 근무 형태가 부동산 시장에 큰 영향을 미친다. 대기업들이 거점 오피스를 둘 만한 곳으로 어디가 유망할까를 살펴보자. 경북 라인의 회사 즉 삼성전자, SK하이닉스의 직원들은 판교, 분당에 거주할 가능성이 높아 보인다. G밸리, DMC 근무자들은 경기도 고양, 일산 거주가 유력해 보인다.

최대한 직주 근접을 택해 개인적인 시간을 가지려는 것이 요즈음 현상이다. 화성과 판교, 분당의 직장에서 가까운 주거지로는 어디가 적합하겠는가?

불황에도 강한 지역으로는 판교, 분당이 유망해 보인다.

고액 연봉자가 거주하는 지역이 상승 여력도 높으며 집값이 빠질 일이 없다. 판교는 미래가치가 높은 지역이며, 분당은 2022년 리모델링을 눈앞에 두고 있다. 리모델링이 임박한 시범아파트를 주목해 볼 만하다. 자금 여력이 안 되면 고양, 일산에 주택 매수도 추천한다. 불황에도 강한 주택은 산업의 흐름에 편승해 미래의 직업이 밀집한 곳이다.

50대 부동산 투자 팁

연봉 높은 직장인이 많이 거주하는 곳이 불황에도 강한 주택이다. 코로나로 인해 바뀐 환경 속에서 소비자가 선호하는 주택의 형태가 무엇인지, 기업의 움직임은 어떠한지를 눈여겨볼 필요가 있다.

8

50대가 이 계산을 안 하고
집 사면 큰 손실이 따른다

K씨는 공직에서 근무하다가 정년퇴직을 했다. 평소 부동산에 관심을 두고 있었고 경기도에 재개발 투자의 경험도 있던 차였다. 2016년 당시 방배 우성아파트 33평을 소유한 상태였다. 이 아파트를 매도하여 잠원동 재건축 17평형을 8억 7,000만 원에 매입했다. 아파트의 연식은 조금 차이가 나나 재건축 진행은 잠원동이 훨씬 앞선 상태다. 방배동 아파트는 19억 원 호가를 형성하고 있지만 잠원동 재건축 아파트는 조합원 평형 배정까지 마친 상태로 평당 1억 원을 넘기고 있

다. 주변 시세를 보면 34평 배정 시 34억 원 이상은 넘길 것으로 보인다. K씨의 과감한 결단력은 자산의 크기에 큰 차이를 불러왔다.

주택은 짧은 기간 내에 사고팔 수 있는 상품이 아니다 보니 멀리 보고 큰 그림을 그리듯 접근해야 한다. 50대 이후에는 특히 이런 그림 없이 집을 샀다가 돈이 묶이는 사태가 발생한다. 그런데 이게 무서워서 부동산에 투자하지 않으면 자산 증식은 꿈도 꿀 수가 없다.

그렇다면 자산을 지키고, 불리기 위해서는 어떤 집을 사야 할까? 주택 가격을 꾸준히 유지하고 있는 부동산을 사라. 시장 상황에 등락 폭이 큰 것은 피하라. 하락이든 상승이든 일정한 흐름을 크게 벗어나지 않고 견고히 순위를 내주지 않는 주택을 매수하라. 장기적인 시각으로 꾸준한 수요가 받쳐주는 부동산이 투자가치가 높은 부동산이다. 즉 팔려는 사람보다 사려는 사람이 더 늘어날 곳의 부동산을 고려해라.

부동산 접근 시 본인의 투자금 대비 얼마나 상승 폭이 크냐에 따라 자산 증가가 결정된다. 그러므로 내 자본으로 상승 폭을 최대치로 끌어올릴 수 있는 부동산을 찾는 것이 투자의 시작이다. 이때 한 가지 기준이 될 수 있는 것이 전세가다. 매매가와 전세가의 격차가 크게 벌어진 것은 가격 상승에 대한 기대감이 높아서 투자자가 많이 들어왔다는 뜻이다. 강남 같은 경우 매매가와 전세가의 격차가 큰 편이다. 반면 매매가와 전세가의 갭이 크지 않다는 것은 실거주하기는 편하나 매수 수요가 낮다는 뜻이다.

물론 부동산은 가격을 형성하는 구성 요소가 단순하지 않다. 다양한 요소가 결합하여 하나의 가격으로 수치화된 살아 있는 생물 같은 것이다. 그렇기에 단순하고 일률적인 기준으로 보기는 어렵다. 집을 매수할 때는 목적을 분명히 하여 시장의 수요에 부합하는 부동산을 매수한다고 생각하라.

부동산 가격을 결정하는 요소 중 가장 중요한 것은 수요, 공급, 거래다. 대출 규제는 거래에 영향을 미친다. 수요는 쏠림현상이 있어 이성적이지 않아 운이 작동될 수 있다. 공급에는 구축, 신축, 전세, 월세가 다 포함되어 있다. 공급량 파악은 기본적인 사항이다. 무엇보다도 실전 투자를 많이 경험할수록 현장에서 다양한 문제와 부딪혀 해결해 나가는 실력이 쌓인다. 공부해서 익히는 것과 실천하면서 익히는 것을 병행해야 발전이 빠르다.

부동산을 갈아탈 때 예를 하나 들어보자. 48세 A씨는

2019년에 마포 상산동 오피스텔 39평을 3억 5,000만 원에 매수했다. 그동안 가격이 좀 올라서 갈아탈 계획을 세우는데 고민이 많다. 직장이 근처라 멀리 가는 것은 물리적으로 어렵고, 돈도 부족하다. 이럴 때는 어떤 방법이 좋을까? 주거형 부동산은 아파트와 비교할 대상이 없다. 가장 선호도가 높아 자산이 커나가는 속도를 어떤 부동산도 따르질 못한다. 오피스텔이나 주상복합은 아파트와 주거 형태 자체가 다르다고 보아야 한다.

A씨의 경우 해당 오피스텔을 매도하여 교통이 좋아질 김포나 고양에 갭투자하고, 직장 근처에서 임대로 생활하는 것이 자산 형성에 도움이 된다. 계속 주거와 투자를 분리하지 않고 실거주 차원에서 선택하면 자산이 불어나는 부동산은 못 구하게 될 것이다. 금액에 맞추어서 선택해야 하니까 말이다. 과감히 결단을 내려 부동산 상품을 아파트로 전환하자. 바로 아파트에 실거주하고 싶은 마음이 간절하겠지만 들어가서 사는 것보다 일단 사두는 게 중요하다. 자산을 불리기 위해서는 임대라는 번거로움을 일정 기간 감수해야 한다.

시야를 넓혀 아파트, 혹은 아파트가 될 부동산을 사면 자산을 훨씬 빨리 키울 수 있다. 실거주 목적만 가지고 아파트를 사는 사람은 실제로 드물다. 대부분 자산 형성에 기여하

리라는 또 다른 기대를 가지고 있다. 금수저가 아닌 이상 많은 사람들이 이 전략으로 목표를 달성했고 누군가는 지금도 실천하는 중이다.

50대 부동산 투자 팁

돈을 많이 주는 회사가 어디에 있나? 돈 많은 회사는 어디에 생기고 있는가? 그 사람들이 다닐 수 있는 교통이 잘 되어 있는? 입지 좋은 아파트는 이런 질문을 던졌을 때 찾을 수 있다. 나도 좋고, 남들도 좋아야 값이 오른다.

9

50대 무주택자가
내 집 마련할 때
챙겨야 할 시장의 신호

50대인데 무주택인 사람은 자신의 청약가점을 먼저 체크해보자. 그다음 본인이 희망하는 지역들의 분양 당시 청약 당첨 점수를 확인해보자. 그리고 결정하자. 내 점수가 청약으로도 가능한지, 아니면 기존 주택을 매입할지를 말이다. 가점이 높다면 최대한 돈을 끌어모아 분양금 20%를 준비한 다음 청약을 도전한다. 그게 여의치 않다면 사전청약을 활용하면 된다. 돈 한 푼 안 들이고 당첨권을 획득한 격이다. 당첨 후 분양 시까지 3~4년 정도 열심히 돈을 모으면 된다. 현재 자산이 5,000만 원 미만이라면 지방의 1,000세대 이상 아파트에 갭투자 할 것을 권한다. 초중학교가 가깝거나 회사들이 밀집된 곳이라면 더욱 좋다. 거기서 종잣돈을 불려 조금씩 인사이트를 키우면서 아파트를 1~2개 더 매수하여 자산을 불려나간다.

자산이 5,000만 원 정도면 경매도 도전해 본다. 종잣돈이 적을수록 더욱더 철저한 전략으로 준비해야 한다. 한정된 돈으로는 선택의 폭이 좁기 때문이다.

1억 원 정도의 자산으로는 인천, 수도권 아파트 갭투자나 서울 빌라를 추천한다. 시장에는 소수의 물건들만 나와 있기 때문에 발로 뛰어다니며 물건을 물색해야 한다. 인천 지역 아파트는 서울과 교통 연결이 되지 않은 곳은 추천하지 않는다. 차라리 인천 재개발 정비사업 가능성이 있는 곳을 추천한다.

자금에 맞춘다고 역세권에서 멀리 벗어난 구축 아파트를 사는 것은 지양해야 한다. 이번 시장에서 인천 집값이 오른 곳은 서울까지 출퇴근이 용이한 곳과 재개발 수혜지였다. 계양 같은 경우는 3기 신도시 사전청약으로 거주지 요건을 채우기 위한 수요도 집값 상승 요인으로 작용했다.

매수하려는 지역의 공급 물량도 점검해야 한다. 물량이

많으면 상승 동력이 떨어진다.

정부의 영향을 직접 받는 30평대 20억 중반에서 30억 원 사이의 주택들은 대출 규제와 세금 규제로 보합을 유지할 가능성이 크다. 상대적으로 진입장벽이 높지 않은 5~8억 원 대를 예의 주시해야 한다. 그 정도는 무주택자들이 움직여볼 여지가 있다.

현재의 정부 정책은 무주택이 시장에 참가할 수 있게 작동하고 있다. 다주택자는 철저히 배제한 시장이다. 그러므로 무주택자들은 살 수 있는 여건이면 지금이라도 집을 매수해야 한다고 본다. 지금 꼭지인데 이 시점에 집을 매수하여 꼭지 잡으면 어떡하느냐는 질문을 많이 받는다.

그러나 투자를 많이 하는 다주택자가 아닌 이상 무주택자나 1주택자는 주기적인 하락설에 일희일비할 필요가 없다. 주택이란 주거의 개념이 있어서 집값이 오르든 내리든, 내가 팔지 않으면 거주하는 데 아무런 영향이 없다.

내가 가지고 있는 물건 가격이 내려가면 명목 손실, 가격이 오르면 명목 이익이라 한다. 집을 손익 관점으로만 보지 말자. 무주택일 경우 대안은 전세나 월세밖에 없다. 그런데 계약갱신 청구권의 소멸로 인해 전·월세 시장이 많이 흔들릴 것이다. 임대인은 규제로 인해 인상 못한 부분까지 인상하려고 하고 있으며 임차인을 내보내고 본인이 거주하려는 경우도 적지 않다. 지금 주택 가격이 고점이란 이유로 내 집을 마련하지 않으면 임대차 3법의 여파로 요동치는 전·월세 시장의 파도를 고스란히 맞아야 한다.

앞으로 집값이 불확실한 상황에서도 우리와 거리가 먼 초고가 아파트가 아닌 중저가의 아파트들은 상승의 여력이 있다. 많은 사람이 반전세 혹은 월세를 살고 있다. 현재 무주택이거나 자가를 세를 주고 남의 집에서 거주하고 있는 사람들이 조금만 움직여도 시장에 큰 반향을 불러일으킨다.

현 정부 들어 무주택자에게 기회를 만들어 주고 있다. 이럴 때 집을 사야 한다. 시장에 나온 5~8억 원대 부동산은 기존 전세금과 대출로 매수할 수 있는 가격대다. 이 가격대의 부동산은 시장 참여자가 많아 상승 폭을 키울 수 있다.

매수자가 많아 집값이 오르면 매도자는 가격을 더 받기 위해 안 팔려고 한다. 그러면 집값이 더 오를 수밖에 없다. 집을 사려는 매수자, 가격을 더 받으려는 매도자, 시장에서는 혼란이 야기되는 상황이다.

현 정부가 펼치는 정책을 보면 대출 규제와 기약 없는 3

기 신도시 사전청약으로 매수 세력을 잠재우고 있다. 지금 무주택인 사람은 현 정부 아래에서 유일하게 집을 사는 데 제약이 없으므로 가능하다면 내 집 마련을 추천한다.

'풍부한 유동성 속 대체 투자처 부족' 상태에서 경기 상황이 명확하지 않으니 해당 유동성이 정상적인 기업 투자로 연결되지 않고 안전 자산으로 쏠리는 현상을 보인다. 정부가 시장에 푼 돈이 갈 곳 없는 셈이다.

현재 부자들은 투자 수익률을 생각한다기보다도 현금으로 보유하고 있으면 안 되겠다는 생각에서 자산 가치를 보존하려는 움직임을 보이고 있다. 인플레이션으로 인한 화폐 가치 하락에 대비하여 현금 이외의 동산·부동산 형태로 자금을 보유하는 인플레이션 헤지(Inflation Hedge), 부동산 시장에서는 똘똘한 한 채를 구매해서 월세 등을 주지 않고 저장한다는 의미의 에셋 파킹(Asset Parking)이 중요한 자산 관리 개념으로 거론되는 시점이다.

현금통화는 말 그대로 일반인들이 보유하고 있는 현금이다. 여기에 요구불예금, 즉 언제라도 현금화할 수 있는 예금을 더한 게 협의통화(M1)이다. 광의통화(M2)는 협의통화에 저축성 예금과 거주자 외화 예금까지 합친 것이다.

▌광의통화 평균 잔고

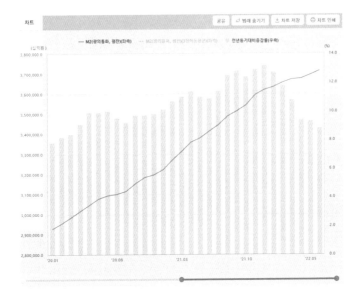

    우리가 이 금융지표에 관심을 가져야 하는 이유는 이 지표가 땅값과 연관이 있기 때문이다. 광의통화가 늘어나면 땅값이 올라간다. 우리가 저평가된 부동산을 이야기할 때는 가치에 비해 아직 오르지 않은 부동산을 말한다. 이 말은 가격이 더 오를 가능성이 큰데 통화량 증가율만큼 오르지 않았다는 의미다. 따라서 이 통화량을 유심히 살펴보고 아파트 가격 흐름을 살펴보면 저평가 시점을 확인할 수 있다.

아무것도 안 해노 자산 가치는 하락한다. 그러니 부동산이 더 오른다는 확신이 있어서 투자하는 게 아니라 더 안 올라도 현금으로 들고 있는 게 답이 아니라는 생각에 들어가는 사람이 많다. 즉, 정부가 유동성을 계속 공급하는 와중에 다른 대체 투자처에 대한 확신을 못 주는 이상 시중의 유동성이 부동산으로 흘러 들어가는 것을 막을 수가 없다는 것이다. 간혹 금리 인상에 관해 이야기하는 사람들도 있지만, 애초에 현 부동산 가격 상승은 금리보다도 직접적인 유동성 공급이 더 크다. 이는 물가상승률만 보아도 금방 알 수 있다.

1주택자는 11억 원을 공제받고 1주택자 세율을 적용하고 나면 세금이 얼마 안 된다. 즉, 모든 규제는 다주택자를 향해 징벌적으로 움직인다고 할 수 있다. 그렇게 되다 보니 지방 3주택자는 적폐가 되고 강남 1주택자는 적폐가 아닌 상황이 벌어진다. 지방 3채를 처분한다고 해서 강남 1채를 살 수 있는 것도 아니지만, 가액이 아닌 단순한 주택 수로 규제를 하니 똑똑한 한 채를 장려하는 사회가 돼 버린 것이다.

결국 집값이 오르는 최대 요인은 통화량이다. 그리고 정부의 공급 정책이다. 정비사업에 따른 똑똑한 한 채의 쏠림 현상으로 시장은 결국 상승할 수밖에 없다.

50대 부동산 투자 팁

돈이 전혀 없다면 민영주택 사전청약을 하자. 가점이 65점 이상 된다면 무조건 청약에 도전하고, 5,000만 원 이하가 있다면 지방 갭투자하거나 3기 신도시 사전청약을 넣자.

1억 원 정도 있다면 수도권, 인천 아파트 갭투자를 하거나 서울 재개발 예상 지역 빌라에 투자하자. 6억 원 보금자리론 활용해 내 집 마련을 하고, 7~8억 원 서울 중급지를 매수할 수 있다. 그 이상은 각자의 금융 상황에 맞추어 내 집 마련에 도전해보자.

10

50대에게는
몇 번의 부동산 사이클이
남았을까?

투자에 대한 타이밍은 네 개의 구간으로 나누어 볼 수 있다. 바닥을 찍고 나서 상승 국면으로 들어서면 1구간, 상승 패턴을 이어받아서 상승장을 이어가고 있으면 2구간, 정점을 찍고 나서 가격이 하락하기 시작하면 3구간, 하락 속도가 점점 줄어들면서 바닥 점을 나타내는 시점이 4구간이다.

부동산을 시작하는 사람들이라면 1구간에 관심을 가지기를 권한다. 이때 관심 있는 지역이 앞으로 상승 여력이 있는지가 판단 기준이 된다.

부동산 투자는 시기와 사이클보다는 각 물건의 상황에 따라 달라진다. 그래서 가능성 있는 부동산을 찾아 투자하는 것은 개인의 관점에 따라 성패가 갈린다.

부동산이 움직이는 요인은 유동성, 정책, 심리, 시장 등이 결합한 결과물이다. 그러므로 정책을 보면 다음 움직일 시장이 보인다. 그러나 거기까지는 전문 투자자들의 몫이다. 그러면 우리는 어떻게 해야 할까?

자신의 가용 범위에서 기본 원칙에 따라 아파트를 사놓는 것이다. 우리는 전문적인 투자자들의 순발력을 따라갈 수가 없다. 그 정도의 실력은 하루아침에 길러지는 것이 아니다. 자칫하다가는 그들이 휘저은 끝물에 휘말릴 수 있다. 거시적인 환경 요인에 의해서 출렁이는 부동산 가격은 감수하더라도 내부 세력들에 의해서 부침을 받는 투자 형태는 너무 위험하다.

실물 자산이 없기 때문에 자산 손실을 겪는 일은 피하자는 마음가짐으로 부동산에 접근하자. 그러다 보면 마음도 편하고 오히려 생각보다 안정적으로 자산이 불어난다. 그러다가 어느 시점에서 갈아타면 된다. 그때는 자산 편집을 하는 것이다. 상급지로 갈 수도 있고, 자산을 나누어 월세를 받을 수도 있다.

보통 전문가들은 한 사이클을 10년 주기로 본다. 5년 상승하고 5년 하락한다는 이론인데 모든 지역에 일률적으로 적용되지는 않는다. 지역에 따라 10년이 될 수도 있고 그 이상이 될 수도 있다는 것이다. 일례로 2021년 6월 기준으로 서울은 상승 시기만 8년이다.

일반적으로는 5년의 절반인 2년 6개월을 본격적인 상승 구간인 1구간으로 본다. 내가 관심 갖는 지역의 부동산 시세가 바닥을 찍고 상승 시기가 2년 6개월이 채 지나지 않았다면 다른 지역에 비해 하락 가능성이 상대적으로 낮다고 해석할 수 있다.

S씨는 2007년 서울 관악구 주상복합 34평을 5억 5,000만 원에 매입했다. 주변 직장동료보다 일찍 주택을 마련하여 분양 당시만 해도 뿌듯했다. 그 후, 동료가 2016년에 마곡지구 34평을 5억 3,000만 원에 분양받자 판세가 역전되는 느낌을 들었다. 분양가는 비슷했으나 시세는 그렇지 않았다. 마곡 아파트가 18억 원, 관악구 주상복합이 12억 원 형성되는 것을 보자 놀라움 그 자체였다. 그때부터 S씨는 두 부동산 물건의 차이점이 무엇이며 무엇을 간과했는지 공부하기 시작했다. 그 뒤 여러 방면으로 뛰고 두드리며 찾은 매물이

대장동 아파트 분양 물건이었다.

돈은 퇴직금과 월세 받는 오피스텔을 과감히 처분하여 마련했다. 대장동 메인 아파트인 H아파트 48평형 미분양 건을 분양가 12억 5,000만 원, 계약금 20%인 2억 5,000만 원으로 계약한다. 그때가 2018년이다. 지금은 25억 원 이상 호가를 형성하고 있다.

주변에 여러 상황을 목격할 것이다. 나의 노후와 자산 관리는 기준과 허들이 존재하지 않는다. 결국, 내가 현실에 직면하여 문제를 해결하려는 의지가 있는지가 관건이다. 우리는 살면서 수많은 문제를 만난다. 문제의 경중을 스스로 선별하여 시간과 함께 해결해 나가는 사람과 그렇지 못한 사람의 차이는 크다.

싸이클의 흐름은 지역마다 다르다. 그것을 판단하는 데 있어서 내가 관심 둔 지역 매매 상승분이 적어도 2년 이상 이어진 것인지 아닌지를 기준으로 삼으면 리스크를 상당 부분 방어할 수 있다. 예를 들어 서울 같은 경우, 2013년 4월부터 매매가가 상승하기 시작했다. 그로부터 2년 6개월이면 2016년이다. 그때 진입했다 하더라도 매매가 상승분을 가져올 수 있었을 것이다. 지금 서울 같은 경우는 7~8년간 계속 올랐기 때문에 매수하게 되면 리스크를 감수해야 한다.

지역을 놓고 볼 때 처음에는 숲을 봐야 하지만 단지별 접근 또한 필요하다. 부동산은 동적인 요소로 봐야 한다. 즉 매물 개수가 중요한 것이 아니라 10개에서 20개로 늘어나서 20개인지 혹은 20개에서 줄어들어서 10개인지를 확인해야 한다. 이것이 매물의 성향이다. 예를 들어 대단지(1,000세대)의 매물 개수가 20개에서 10개로 빠르게 줄어든다면 매수에 적극적으로 나서야 한다. 이런 증감 구조를 파악하여, 해당 단지가 상승 구간에 편승했는지 여부를 판단할 수 있다.

보는 눈을 키우기 위해 내 주위에 있는 아파트 시세부터 파악해보자. 예를 들어 비교 대상 아파트 세 단지가 있다면 같은 가격대 중 오르지 않는 단지 아파트를 투자 대상으로 삼으면 된다.

시장이 움직이는 지역은 연식대로 줄을 세운 다음, 최고 가격을 갱신하는 지역과 갱신하지 않는 지역을 구분한다. 예를 들어 어떤 아파트는 오르는데, 해당 아파트는 몇 년 전부터 오름폭이 멈춰 있다면, 그 아파트가 투자할 대상이다. KB 시세가 나오기 시작한 2004~2020년까지 가격 비교를 해보면 오르는 아파트를 더 명확하게 구분해 낼 수 있다.

누구도 거시적 경제 전망으로 미래를 정확히 예측할 수 없듯이 아파트 가격도 공급이나 경기만으로 예측이 어렵다. 그러므로 내 주변 아파트 시세부터 연식과 시세로 가격 추이를 지켜보며 투자 아파트를 고르는 연습을 해보자. 공급과 금리에 따른 아파트의 가격 변화도 잘 따져봐야 한다.

요즘 같은 시장은 비싼 것이 더 많이 오르는 과거와 다른 현상을 보인다. 이는 정부의 정책 영향도 있지만, 저금리의 영향이 매우 크다는 것을 알 수 있다. 과거에는 신규 공급에서 나오는 전세 물건이 시장의 하락 조건에 매우 큰 역할을 했다. 그러나 이번 임대차 3법과 7·10 대책으로 일정한 기간 내에서 거래되던 전세 물건이 급속히 줄어들고 있다.

우리나라 주택시장은 매매, 월세, 전세로 이루어져 있다. 반면 외국은 매매와 월세만으로 가격이 이루어져 있다. 월세는 금리의 변동에 따라서 월세 수익률이 달라지고 이에 맞추어서 매매 가격이 결정된다. 주택시장의 경우는 금리의 변동보다 공급의 변동성이 크기 때문에 금리보다 공급의 영향을 많이 받았다. 우리나라에서는 매매가와 전셋값이 시장의 주축이기 때문에 가격 변동성이 전세와 더 높은 상관관계를 갖고 있다. 그래서 공급이 줄어들거나 늘어날 경우, 월세가 아닌 전세 수급이 먼저 반응하며 이게 쌓여 전세가율이 일정 수준으로 올라가면 매매가를 상승시키게 된다. 그래서 전세가가 매매가를 밀어 올렸다고 보는 것이다.

신규 공급이 적더라도 일정 시간 동안 매매가에 바로 반영되지 않는 것은 시장 안에 존재하는 전세 물건이 수요를 흡수하며 전세가를 상승시키기 때문이다. 이러한 전세 물건들이 도시마다 일정 부분 존재하고 도시의 규모가 클수록 기존의 전세 물건들에 의해서 매매가로 연결되는 반응 속도가 느려진다.

수도권이라는 큰 규모의 도시에서는 공급 때문에 5년 동안 전세가율이 올라올 때까지 시간이 필요했다. 이번 7.10 정책 중에 임대차 3법은 가격의 균형점을 크게 무너뜨리는 정책이다. 7·10 이후 시장은 급속도로 전세 물건의 감소 현상을 보인다. 기존에 2년이라는 전세 기간을 기준으로 기대 수익률을 고려해서 투자했다면 이제는 4년이라는 시간으로 기대 수익률을 설정해야 하고 2년의 리스크가 아닌 4년의 리스크까지 안고 투자해야 한다.

31년 동안 2년이라는 기간을 유지했던 전세의 구조가 4년으로 바뀌게 되면서 수익률과 위험에 큰 변화가 생겼다. 그 대표적인 변화가 전세 물건의 감소 현상과 전셋값의 상승이다. 이는 시장의 당연한 선택의 결과다. 시간 대비 수익률이라는 측면에서 이전에 비해 훨씬 불리해진 4년 전세라면 매물이 줄어들 수밖에 없다.

신규 공급이 줄어들어 서서히 전세 물건이 감소하면서 실수요자들도 이 상황을 몸소 체감하고 있다. 정부의 이번 정책으로 매물 감소가 체감될 정도로 빠르게 이루어지고 있는 것은 무주택자들에게 매우 심각하게 일이다. 매매가 상승을 피해 일단 전세를 선택하고 관망하고 있었을 세입자에게 불안감을 주고 있다.

분양가 상한제로 사람들이 분양 시장에 몰리다 보니 최근 분양권도 가격이 한 단계씩 상승하고 있다. 이러한 이유로 전세 수급 불안이 다시 주거 심리 불안으로 매매가를 자극하는 방향으로 흘러가고 있다.

똘똘한 한 채를 얻기 위해 핵심 지역으로 수요가 몰리면서 투자자와 실수요자의 시장 참여가 상승 폭을 키웠다. 원래 지방으로 내려갈수록 공급의 영향을 많이 받고 강남으로 갈수록 금융의 영향을 많이 받는 것이 일반적인 시장 모습이었다.

최근 금융 규제가 강하게 들어가니 강남이 주춤한 것도 이런 이유에서다. 지난 상승장의 특징이 지방 광역시 핵심 지역의 부동산 가격이 내려가지 않는다는 점이었다. 특히 분양권 시장의 강세와 재건축, 재개발 시장은 상승장이 계속 이어지고 있다. 2022년 고금리와 강력한 대출 규제로 시장은 잠시 소강 상태이다. 부동산 가격은 결국 환경이 만들어낸다는 것을 기억해야 한다. 부동산 싸이클의 큰 흐름을 주목하고 여기에 기반하여 주변 단지의 시세부터 차근차근 분석하는 연습을 해보자.

50대 부동산 투자 팁

결국, 가격은 환경이 만들어낸다. 내 아파트 주변의 시세부터 접근해 내가 실거주든 투자든 접근할 수 있는 부동산을 보는 안목이 결국 소중한 자산을 지킬 수 있는 초석이 된다. 무엇이든지 내가 선택권을 가질 때 기회를 잡을 수 있다.

11

50대, 여유 자금 1억 원 있다면 묻어둬야 하는 20개 지역

최근 아파트 값이 크게 상승하여 아파트를 매수하기에는 많은 돈이 필요하다. 오랜 시간 직장생활을 하거나 저축을 한 50대도 지금 집을 사기가 만만치 않다. 그래도 1억 원 정도만 있으면 선택의 폭이 넓다.

앞으로 모든 부는 한강을 중심으로 모일 수밖에 없다. 예를 들면 가양동 일대, 염창동, 합정동, 망원1동, 당산동6가, 양평동 일대, 본동, 암사동 일대, 자양1~4동 등 1억 원으로 서울에서 갭투자가 가능한 빌라를 추천한다.

특히 망원동과 당산 6가를 유심히 보자. 망원동은 여의도와 홍대, 용산 접근성으로 미래가치가 높으며, 당산동은 2호선과 9호선 전철로 환승까지 가능한 이점이 있다.

한강르네상스를 계획했던 오세훈 서울시장의 부활은 다시 쟁점이 되고 있다. 수도권 집값이 천정부지로 치솟은 데다 전셋값마저 크게 뛰면서 아파트보다 저렴한 빌라(다세대·연립주택)나 오피스텔로 눈을 돌리는 주택 수요자가 늘어나고 있다.

현금 1억을 가지고 있다면, 경기도 인천의 빌라나 서울 빌라를 매수하길 추천하는 이유다. 경매가 아닌 일반 부동산 투자로 가장 수익률이 높은 것이 재정비사업이다. 즉 재개발, 재건축이다. 이것이 투자금 대비 수익률을 극대화할 수 있는 방법이다. 특히 초기 자금이 적게 들면서 수익률이 높은 것은 재개발이다. 서울에 턱없이 부족한 주택난을 해소하기 위해 오세훈 서울시장이 강북 쪽 재정비사업에 우호적인 행보를 보인다. 서울역 주변의 중구 중림동과 회현동은 개발이 안 된 2종일반주거지역이다. 고도제한으로 투자가치가 제한적이었으나 상향될 가능성으로 예의주시하고 있는 곳이다. 서울시장이 종 상향을 해줄 경우 투자가치는 아주 높아진다. 현재 저렴한 가격으로 투자할 곳이다.

용산구에서 장기간 투자할 곳은 한남뉴타운과 서계동, 후암동, 원효로 쪽이다. 용산은 개발 이슈와 무관하게 투자 가치가 높다. 강남 빌라는 아파트보다 상승분이 적었기에 그만큼 상승 여력이 있다. 서초 이주 수요로 인해 강남 빌라 매매가 5억 7,000만 원에 정도에 전세가가 5억 6,000만 원을 형성하고 있다. 강남 빌라는 내방역, 일원동 주변 빌라 투자를 추천한다. 서울역 GTX 역세권 투자로는 서울역, 청량리역, 삼성역 주변을 꼽는다. 연신내역, 신도림역, 양재역, 광운대역, 창동역 등도 주목할 만하다.

보통 빌라에 투자할 때 재개발만 보고 들어간다. 하지만 여기에 더해 입지와 입지 변화에 대한 호재가 있는 지역은 안전한 투자가 된다. 특히 GTX역 주변 투자는 교통 호재로 인해 지가가 상승할 수 있는 유망한 투자 지역이다.

최근 아파트 상승장에 참가하지 못한 무주택자들이 대체재로 빌라를 매수하고 있다는 뉴스가 나오고 있지만, 내용을 들여다보면 오세훈 효과로 재개발 가능성 물건에 대한 수요가 따른 것이다. 적은 금액으로 시장에 참가하여 서울에 아파트를 소유할 수 있다는 좋은 기회를 투자자들은 흘려보내지 않았다.

강남의 다세대 빌라 신축과 봉천동에 30년 이상 된 빌라촌이 있다면 어느 것이 더 투자가치가 높을까? 봉천동이다. 왜냐하면, 재개발은 노후도의 조건을 갖춰야 정비사업이 시행된다. 신축은 당연히 정비사업에서 제외된다.

물론 입지적인 면에서는 강남이 월등하지만, 물건이 가진 특성에 따라 신분을 세탁할 수 있는 상태라면 입지가 조금 떨어지더라도 이편이 훨씬 투자 가치가 높다. 재정비사업으로 인해 주변 인프라 개선과 함께 열악한 주거 환경에서 최고의 주거 환경으로 탈바꿈할 것이기 때문이다. 즉 강남 신축 빌라와 봉천동 신축 아파트는 비교 대상이 아니다. 이렇듯 정비사업이 주는 퀀텀 점프는 주거 환경이나 자산 형성에 많은 변화를 준다. 원석을 가지고 원하는 보석으로 재탄생시키는 격이다.

가진 돈이 적고 자산을 불려 나가야 하는 상황이라면 재정비사업이 진행될 가능성이 있는 서울 빌라에 묻어둘 것을 권한다. 특히 서울은 더 개발할 토지가 없고 수요는 대기하고 있으므로 가장 리스크가 적은 안전한 투자처다.

은퇴 전후라 해서 월세만 생각하여 오피스텔에 1억 원을 투자하면 생각보다 수익이 미미할 수 있다. 일부라도 환골탈태할 자산으로 내 자본을 편집시켜 놓는 전략을 고민해야 한다. 당장 정비사업이 진행되지 않는다고 해도 땅값은 계속 상승하므로 이런 곳에 투자하는 것을 추천한다. 진행 단계에 따라 가격은 큰 차이가 난다. 소액이면 오랜 시간을 들여야 하고, 비싼 가격이면 곧 높은 수익으로 탈바꿈을 할 준비가 다 된 부동산임을 말해준다. 직접 발로 뛰지 않고 관망만 하다가는 기회를 잡지 못한다. 일반적인 편견, 즉 빌라는 투자하는 것이 아니라는 말에 겁부터 먹으면 입지만 좁아질 뿐이다.

자본주의에서는 준비된 자가 돈을 벌어간다. 지금 윤석열 정부의 부동산 정책으로 인해 시장은 많은 변화를 예고하고 있다. 일단 부동산 규제와 부동산 세금으로 인해, 새 정부를 바라보며 관망하고 있다. 즉 매도와 매수가 이루어 지지 않고 있는 보합 상태인 것이다. 쉽게 매도하거나 매수할 수 없는 부동산 정책이다. 공급이 부족한 상태에서 어떤 정책을 펼치든 시장은 시장 원리에 따라 흐를 수밖에 없다. 인플레이션 현상으로 지가 상승과 인건비, 원자재 상승이 이어져 실물 경제가 상승할 수밖에 없다.

1억 원은 적은 돈이 아니다. 시장에 나가 접근할 수 있는 물건으로 시세 조사하여 현장에서 답을 찾기 바란다. 부동산 투자는 리스크를 안고 의사결정 하는 것이다. 아무런 위험이 없는 투자는 없다. 그럼에도 불구하고 투자를 하는 것은 미래의 가능성에 베팅하는 것이다.

현장은 컴퓨터에 없는 생생한 정보와 매물이 살아 움직인다. 그것을 잡기 위해선 직접 발로 뛰며 찾아나서야 한다. 임장할 때는 손품으로 최대한 조사를 마친 다음, 현장에서만 확인이 가능한 정보를 취합한다.

서울시의 재개발 신속통합 102곳 응모 지역의 구역별 동의율과 호수밀도, 접도율, 노후도까지 파악할 정도가 되어 있어야 투자의 방향이 설정된다. 분석을 마친 사람과 그렇지 못한 사람은 투자에 있어 큰 차이를 보일 수밖에 없다. 준비하는 자와 그렇지 못한 사람은 시간이 지날수록 엄청난 차이를 보일 것이다.

다음은 서울시와 경기도의 공공재개발 시범사업지 2차 후보지들이다. 그냥 지도만 봐서는 아무 것도 얻을 수 없다. 이런 곳에 투자하려면 답은 현장에 있다는 사실을 알아야 한다. 선정된 것만으로도 주변의 부동산은 오를 수밖에 없다. 공공재개발 후보지로 선정된 주변의 부동산을 임장하여 가용 가능한 범위에서 매수를 추천한다. 후보지 선정 발표는 그 주변 지역 투자에 힌트를 주고 있다.

▌ 서울시의 공공재개발 시범사업지 2차 후보지 16곳 (2021년 3월 29일 선정 및 발표)

〈공공재개발 2차 후보지 선정 결과〉

연번	구역명(가칭)	위치	면 적(㎡)	토지등소유자수	예상세대수
1	상계3	노원구	104,000	1,100	1,785
2	천호A1-1	강동구	26,548	207	830
3	본동	동작구	51,696	455	1,004
4	금호23	성동구	30,706	327	948
5	숭인동 1169	종로구	14,157	124	410
6	신월7동-2	양천구	90,346	1,599	2,219
7	홍은1	서대문구	11,466	109	341
8	충정로1	서대문구	8,075	99	259
9	연희동 721-6	서대문구	49,745	622	1,094
10	거여새마을	송파구	63,995	691	1,329
11	전농9	동대문구	44,878	632	1,107
12	중화122	중랑구	37,662	446	853
13	성북1	성북구	109,336	1,236	1,826
14	장위8	성북구	116,402	1,240	2,387
15	장위9	성북구	85,878	670	2,300
16	신길1	영등포구	59,379	552	1,510

＊예상세대는 추후 서울시 도시계획위 및 건축위 심의 등을 통해 변경될 수 있으며, 토지등소유자 수는 신청 시 자료 기준으로 일부 상이할 수 있음

50에 시작해도 늦지 않은 부동산 투자

구분	(가칭) 상계3 구역	(가칭) 천호A1-1 구역
위치도		
현황	* 규모 : 104,000㎡(1종주거~2종주거(7층)) * 입지 : 당고개역(4호선) 역세권 * 예상세대수 : 총1,785세대	* 규모 : 26,548㎡(3종주거~준주거) * 입지 : 천호역(5,8호선) 역세권 * 예상세대수 : 총830세대
구분	(가칭) 본동 구역	(가칭) 금호23 구역
위치도		
현황	* 규모 : 51,696㎡(1종주거~일반상업) * 입지 : 노들역(9호선) 역세권 * 예상세대수 : 총 1,004세대	* 규모 : 30,706㎡(2종주거) * 입지 : 금호역(3호선) 역세권 * 예상세대수 : 총 948세대

출차: 국토교통부

구분	(가칭) 숭인동1169 구역	(가칭) 신월7동2 구역
위치도		
현황	* 규모 : 14,157㎡(준주거) * 입지 : 신설동역(1,2호선,우이신설선) 역세권 * 예상세대수 : 총 410세대	* 규모 : 90,346㎡(1종주거~2종주거(7층)) * 입지 : 온수도시자연공원 인접 * 예상세대수 : 총 2,219세대
구분	(가칭) 홍은1 구역	(가칭) 충정로1 구역
위치도		
현황	* 규모 : 11,466㎡(2종주거~3종주거) * 입지 : 홍제역(3호선) 역세권 * 예상세대수 : 총 341세대	* 규모 : 8,075㎡(3종주거~준주거) * 입지 : 충정로역(2,5호선) 역세권 * 예상세대수 : 총 259세대

출처: 국토교통부

50에 시작해도 늦지 않은 부동산 투자

구분	(가칭) 연희동721-6 구역	(가칭) 거여새마을 구역
위치도		
현황	* 규모 : 49,745㎡(1종주거~3종주거) * 입지 : 안산도시자연공원 인접 * 예상세대수 : 총 1,094세대	* 규모 : 63,995㎡(1종주거~3종주거) * 입지 : 거여역(5호선) 역세권 * 예상세대수 : 총 1,329세대
구분	(가칭) 전농9 구역	(가칭) 중화122 구역
위치도		

현황	* 규모 : 44,878㎡(2종주거(7층)~3
	  종주거))
	* 입지 : 청량리역(1호선) 역세권
	* 예상세대수 : 총 1,107세대
		* 규모 : 37,662㎡(2종주거(7층)~2종
		  주거)
		* 입지 : 중화역(7호선),상봉역(7호선,
		  경의중앙선) 역세권
		* 예상세대수 : 총 853세대

출처: 국토교통부

구분	(가칭) 성북1 구역	(가칭) 장위8 구역
위치도		
현황	＊규모 : 109,336㎡(1종주거~2종주거(7층)) ＊입지 : 한성대입구역(4호선) 역세권 ＊예상세대수 : 총 1,826세대	＊규모 : 116,402㎡(1종주거~2종주거) ＊입지 : 장위3동주민센터 인접 ＊예상세대수 : 총 2,387세대
구분	(가칭) 장위9 구역	(가칭) 신길1 구역
위치도		
현황	＊규모 : 85,878㎡(2종주거(7층)) ＊입지 : 장위1·2동 주민센터 인접 ＊예상세대수 : 총 2,300세대	＊규모 : 59,379㎡(2종주거(7층)~2종주거) ＊입지 : 신길역, 영등포역(1호선) 인접 ＊예상세대수 : 총 1,510세대

출처: 국토교통부

50에 시작해도 늦지 않은 부동산 투자

▌경기도의 공공재개발 시범사업지 2차 후보지 4곳 (2021년 7월 16일 선정 및 발표)

〈경기도 공공재개발 후보지 선정 결과〉

연번	구역명(가칭)	위 치	면 적(㎡)	용도지역	소유자수	예상세대
1	광명 7R	광명시	93,830	2종주거	1,407	2,560(3종)
2	원당 6	고양시	93,979	1·2종주거	1,817	4,500(3종)
3	원당 7	고양시	64,978	1·2종주거	1,574	
4	화성 진안 1-2	화성시	11,619	1종주거	144	320(3종)

＊예상세대는 향후 심의로 변경될 수 있으며, 토지소유자 수는 공모자료를 기준으로 함

구분	(가칭) 광명 7R구역	(가칭) 고양 원당6, 7구역
위치도		
현황	＊규모 : 93,830㎡(2종주거) ＊입지 : 일부 광명사거리역(7호선) 역세권 ＊예상세대수 : 총 2,560세대	＊규모 : 158,917㎡(1종주거~2종주거) ＊입지 : 일부 원당역(3호선) 역세권 ＊예상세대수 : 총 4,500세대

구분	(가칭) 화성 진안1-2구역
위치도	
현황	* 규모 : 11,619㎡(1종주거) * 입지 : 병점역(1호선) 인근 * 예상세대수 : 총 320세대

50대 부동산 투자 팁

서울 내에 1억 원 투자금으로 투자처를 찾고 있다면 서울역 주변, 서울의 GTX 역세권, 일원동, 내방동 빌라 등을 추천한다. 부동산중개사무소에 계속 연락하여 급매를 노리는 정도의 수고는 감수하자. 공공재개발 지정 지역 주변과 신속통합기획 예정지 주변의 빌라도 투자 가치가 높다. 개발되면 주변 지가도 상승한다는 것을 잊지 말기 바란다.

12
1주택자인 50대가
집을 갈아탈 때의 원칙

    P씨는 51세 직장인이다. 강북 미아동 동부센트레빌 24평을 2013년에 3억 3,000만 원에 매수했다. 현재 시세 9억 5,000만 원이다. 1주택자로 비과세 조건을 갖춘 상태인데 추가 주택을 매입할까 아니면 갈아탈까 고민 중이다. 현재의 계획은 기존의 아파트 매도 후 갭투자를 하고 임차해 살까 하는 것이다. 그러나 갈아탈 때의 행동 원칙 중 첫 번째는 가고자 하는 곳의 시세와 매물 현황을 파악하는 일이다. 그다음은 개인의 대출 금액, 대출 시 어느 은행을 이용할 것인지

까지 확인해야 한다.

이렇게 완전히 세팅이 된 상태에서 기존 주택을 매물로 내놓아야 한다. 그렇게 진행하지 않은 상황에서 가고자 하는 매물이 거래돼 버리면 당황할 수 있다.

먼저 갈아탈 집을 선정한 후 기존 주택을 매물로 내놓고 계약금을 받으면 미리 선정한 집을 그날 바로 계약한다. 기존 집 계약 진행 과정과 맞추어 갈아탈 집도 잔금을 마친다. 이런 원칙 없이 살던 집을 먼저 매도하게 되면, 갈아탈 주택과 잔금 지급 날짜를 맞출 수 없어 중간에 자산 손실을 낳을 수 있다.

P씨는 2021년 8월 미아동 동부센트레빌 24평을 7억 원에 매도 후 2021년 10월 공덕동 래미안 공덕1차 34평을 16억 원에 매수했다. 전세 8억 5,000만 원을 끼고 실투자금 7억 5,000만 원을 들였다. 충분히 사전 준비를 하여 순조롭게 갈아타기에 성공했다.

이처럼 갈아타기는 기존 주택에서 어떤 식으로든 상향되어야 한다. 입지, 평형, 가격, 브랜드, 년도, 교통 편리, 주변 인프라, 학군 등 일부 요건이라도 기존 주택보다 상품성이 나은 것을 택해야 한다.

45세 L씨는 2017년에 직장·주거 근접으로 상도동 주상복합 20평형을 3억 8,000만 원에 매수했다. 2년 실거주를 마친 후 갈아타려고 하는데, 기존 집처럼 직장과 가까운 곳을 구할 수 있을지 고민이다.

L씨가 염두에 둘 것은 주상복합에서 아파트로 옮겨야 한다는 점이다. 그래야 현재의 자산을 빨리 불릴 수 있다. 그리고 직장 근처에서 꼭 자가로 거주해야 한다는 고정관념을 버려야 한다. 지금은 서울에 공급이 부족하다. 따라서 주상복합도 매매가 이루어지고 있을 때다. 이때 갈아타야 한다.

중소형이 오르고 중대형이 덜 오를 때는 작은 주택에서 큰 주택으로 갈아탈 수 있는 좋은 기회이다.

갈아타기에 성공하기 위해서는 기존의 보유 주택을 먼저 팔고 난 뒤 갈아탈 주택을 매수해야 한다. 대출 규제와 세금 중과로 거래 절벽이 심화되는 요즘 같은 시기에는 살던 집이 팔리지 않아 낭패를 볼 수 있기 때문이다. 거래가 많지 않은 비인기 지역에서 인기 지역으로 옮길 때는 더욱 그렇다. 환금성이 떨어지는 단독주택이나 빌라, 다세대주택에서 아파트로 갈아탈 때는 특히 주의를 필요로 한다. 실거래가가 공개된 2006년부터 현재까지의 거래 추세를 눈여겨보고 전고점 대비 가격 낙폭을 본 후 평균 시세의 하한가보다 낮은 급매물인지를 확인하자.

또한, 갈아탈 때 자금계획을 철저히 세워야 한다. 각종 대출 규제가 이뤄지고 있기에 은행을 찾아 대출 가능 금액을 알아본 뒤 매수 계약에 나서야 한다. 은행권의 대출 규제로 매도자의 대출금을 매수자가 승계 가능한지의 여부까지 철저히 체크해야 한다. 그리고 부대비용으로 양도세, 취득세, 이사비용, 중개수수료 등을 자금 계획에 포함하는 것도 잊지 말자. 조정이나 하락기 때는 부동산이 한동안 묶여 자산으로서의 가치를 발휘하지 못할 수 있다. 수도권이라도 환금성이 좋고 수요가 탄탄한 지역으로 갈아타는 것이 현명한 판단이다. 갈아탈 때 간과하지 말아야 할 것은 주거로서의 개념으로만 접근하면 안 된다는 점이다. 갈아타기는 절대로 수평으로 움직이는 것이 아니다. 수직 상승이 버거우면 사선으로라도 우상향해야 한다.

시장을 내다보는 요건 중 하나는 청약 경쟁률이다. 즉 수요와 공급을 나타내는 지표다. 입주 물량도 봐야 한다. 2~3년 전에 분양해야 입주를 하는데 공급이 없으므로 입주 물량이 급감한 것이 사실이다. 그다음 매매를 보면 현재 모든 거래가 막혀 있다.

앞으로 공급계획은 3기 신도시이다. 3기 신도시가 물량으로 시장에서 제 기능을 하게 될 때는 앞으로 보수적으로

3~5년 이상 걸린다. 1주택자는 현실적으로 갈아타기가 쉽진 않다. 기존 주택을 팔고 갈아탈 때 대출 규제로 더 나은 상급지로 갈 수가 없다. 그래서 지금 1주택자들은 갈아타는 것이 비효율적이다. 기존 주택을 팔고 지금보다 나은 선택을 하기가 힘든 실정이다. 차라리 다른 주택을 추가로 하나 더 매수하든지, 아니면 기존 주택을 매도하여 앞으로 들어가 살 집을 전세 끼고 매수해 놓는 것이 훨씬 효율적이다.

대출은 전혀 나오지 않으니 많은 자금이 필요하지만, 서울 전세가는 최소 매매가 대비 55~65% 정도이다. 기존 집을 매도한 자금과 모아 놓은 돈까지 다 합해 똑똑한 한 채를 사 놓으면 자산 방어도 되고 상승기에 오름폭도 훨씬 클 것이다. 나중에 대출과 규제가 완화될 경우 그 집에 들어가서 살 기회가 올 수 있다. 부동산 투자에 있어서 조심해야 할 수치는 가격이다. 지금 너무 많이 오른 부동산은 조심히 접근해야 한다.

1주택자가 갈아탈 때 유심히 지켜봐야 할 또 한 가지 수치가 미분양이다. 미분양이 쌓이면 해당 지역은 미분양이 해소될 때까지 하락장을 맞이하게 된다. 아무리 인구수와 일자리가 받쳐주는 지역이라 해도 예외는 없다. 미분양 수치는 내 집을 매도할 때나 갈아탈 곳을 정할 때에도 반드시 점검

■ 경상남도 창원시 미분양 아파트

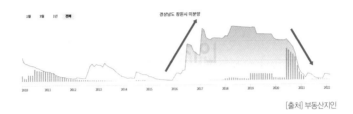

[출처] 부동산지인

해봐야 한다.

위는 창원시의 미분양 그래프이다. 2016~2017년 중반기까지 미분양이 계속 쌓이다가 2018년에 주춤하는 모습을 보인다. 또다시 2018년 하반기에서 2019년 다시 쌓이다가 2020~2021년 사이에 급감하는 것을 볼 수 있다. 같은 기간에 전세가와 매매가가 어떻게 움직였는지도 다음 사례를 통해 확인해 보자.

용지 아이파크는 6년 차 된, 창원시 메인 입지 성산구의 대장 아파트다. 오른쪽 그래프에서 전세가를 보면 미분양이 급격히 쌓여가는 2017년까지 전세가가 내림세를 보이다가 2018년 미분양이 잠시 해소되는 해에 전세가의 소폭 상승이 나타난다. 그런데 2018년 하반기~2019년에 미분양이 다시 쌓이자 전세가가 보합된 상태로 지속하는 것을 볼 수

▌용지아이파크

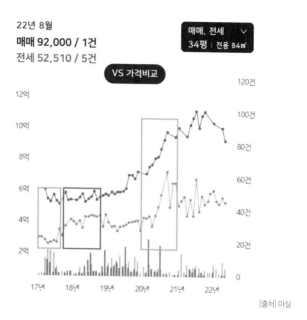

22년 8월
매매 92,000 / 1건
전세 52,510 / 5건

매매, 전세 ∨
34평 ┃ 전용 84㎡

VS 가격비교

[출처] 아실

있다. 2020~2021년 급격히 미분양이 감소하던 시기에는 전세가가 급등하며 가파른 상승세를 보인다.

▌경상남도 창원시 미분양 아파트와 뒤집힌 전세 가격 추이

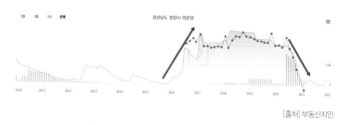

경상남도 창원시 미분양

[출처] 부동산지인

위에서 보이듯이 전세 그래프를 뒤집으면 미분양 그래프와 그 흐름이 굉장히 유사한 것을 볼 수 있다.

▌경상북도 포항시 미분양

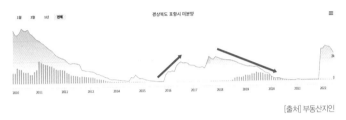

[출처] 부동산지인

위는 경북 포항시의 미분양 그래프다. 2016~2017년 중반기까지 미분양이 쌓이다가 2018년 감소하기 시작하여 2020년까지 미분양 감소가 이어진다. 같은 시기에 전세가와 매매가는 어떻게 움직였는지 살펴보도록 하자.

아래는 포항 남구 효자동의 효자 웰빙타운 SK뷰 1, 3차 14년 차 아파트다. 위의 그래프에서도 미분양이 쌓였던 2016~2017년 중반까지 전세가가 하락 혹은 보합으로 나타나고 매매가 역시 전세가와 함께 움직이는 모습이다. 3차 같은 경우 2018년부터 전세가가 가파르게 상승세를 이루며 매매가가 전세가와 1~2개월 정도의 격차를 두고 따라서 상승하는 모습을 보인다. 3차 아파트의 경우 2018년 전세가가

50에 시작해도 늦지 않은 부동산 투자

■ 효자웰빙타운SK뷰 3차 / 효자웰빙타운SK뷰 3차

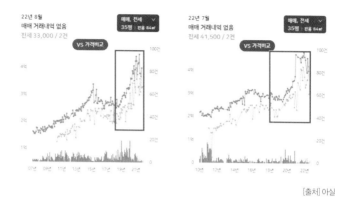

[출처] 아실

다소 내림세를 보이는 듯하지만 2019년 후반기부터 1차의 상승세를 따라 올라간다. 전세가에 맞춰 매매가도 상승의 흐름을 보여준다.

따라서 내가 가진 집을 매도하고 갈아타기를 하려 한다면 쌓였던 미분양이 급격히 소진되어 전세가가 급등하는 시기가 최선이다. 상승한 전세가가 매매가를 받쳐서 올려주었을 때 비싼 값에 매도해야 좋은 선택이다. 내가 거주하는 지역에서 미분양이 쌓인 적이 없다면 더욱이 매물이 부족한 지역이니 전세가를 유심히 추적하다가 전세가 오르면서 갭이 좁혀지는 찰나의 시기에 매물을 비싼 값에 매도하는 전략을 생각할 수 있을 것이다.

이렇게 시기를 잘 맞추어서 최대한 만족스러운 가격에 매도했다면, 반대로 미분양이 쌓이다가 살짝 해소되는 때, 전세가가 소폭 상승하는데 아직 매매가가 상승하기 직전에 매수를 노려볼 수 있다. 위에서 본 창원의 미분양 그래프를 보면 2018년 미분양이 소폭 감소했고, 해당 연도의 전세가는 상승한 것을 볼 수 있다.

미분양 수치와 전세가의 흐름을 눈여겨보다가 적절할 때 매도와 매수를 하는 것이 1주택자의 갈아타기 원칙이다.

갈아타기 할 때 이 타이밍을 놓치면 두고두고 후회하게 된다. 똑똑한 한 채란 자신의 자산으로 살 수 있는 가장 가치 있는 집일 것이다. 서울의 고가 주택만 똑똑한 한 채가 아니다. 자신만의 똑똑한 집 한 채 고르는 방법과 갈아타는 방법을 확실히 숙지해야 한다.

지금 시기에 갈아타기를 할 때 주의할 점이 있다. 지금은 매물이 많지 않은 시장이다. 거래가 많지 않다. 운용 자금이 넉넉지 않다면 진퇴양난이 될 수 있다. 갈아타려고 내 물건을 팔았는데 급변하는 시장 분위기로 새 물건을 사지 못하면 이러지도 저러지도 못하는 상황에 부닥칠 수 있다.

내 물건을 팔고 새로운 물건을 매수하려 하는데 시장에 물건이 잠기면서 부동산 가격이 오르면 그 기간 자산을 불릴 기회비용이 클 수밖에 없다. 시장이 급변할 수 있는 이런 시기, 민첩한 대응을 할 자신이 없거나 자금이 여유롭지 못한 경우라면 조금 더 여력이 있을 때 움직이는 것이 나을 수 있다.

지금은 갈아타기 하기에 주의를 필요로 하는 시장임을 명심하자. 기존 매물 매도 후 여유 자금까지 동원하여 똘똘한 한 채를 갭투자 해놓는 것이 가장 좋은 대안이다. 몇 년 후 부동산 규제, 세금 규제, 대출 규제 등이 완화될 때 실거주하겠다는 목표로 움직일 것을 권한다.

50대 부동산 투자 팁

지금보다 더 나은 상급지로 상향하는 것이 갈아타는 주요 목적이다. 그러나 지금 시기에 갈아타기를 할 때 주의할 점이 있다. 지금은 매물이 많지 않은 시장이다. 거래가 많지 않다. 운용 자금이 넉넉지 않다면 진퇴양난이 될 수 있다.

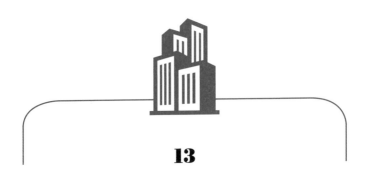

13

50 이후에 만나는 급매물은
다시 없는 기회다

부동산중개소를 지날 때나 네이버 부동산 매물 중에 '급매'라고 나와 있는 매물이 더러 있다. '급매'면 당연히 시세보다 싸기 때문에 한두 번 눈이 갈 수밖에 없다. 50대 이후에 안전하게 빠르게 자산을 불리려면 이런 급매는 다시 없는 기회다.

정부의 규제로 인해 급히 내놓는 매물이 많다. 그중에서 원석을 캐내면 된다. 그러기 위해서는 정부의 부동산 규제와 정책이 어떤 방향으로 가고 있는지 잘 살펴봐야 한다.

　　　　　　　　50에 시작해도 늦지 않은 부동산 투자

상가주택 양도세가 크게 변화됐다. 2022년에 상가주택을 처분하면 양도세 폭탄 맞는다. 2022년부터 상가주택을 팔 때, 1가구 1주택 비과세가 불가능하다. 같은 상가주택도 몇 개월 차이로 세금을 5배 더 낼 수도 있다.

1층은 주택 외 목적의 건물(이하 상가로 표현), 2층, 3층은 주택으로 되어 있는 겸용 주택을 주변에서 흔히 볼 수 있는데 이를 쉽게 상가주택이라고 부른다. 이러한 상가주택은 노후 대비를 위해 마련하는 꿈의 집으로도 불린다. 직접 거주를 하면서 1층에서는 임대 이익을 얻을 수 있기 때문이다. 신도시에서도 이러한 상가주택을 흔히 볼 수 있다. 아예 한국토지주택공사(LH)가 상가주택부지를 판매하기도 하고, 전매도 할 수 있다 보니 부지를 되팔기도 한다.

지역에서 원래 살고 있던 원주민들도 새로 짓는 아파트의 입주권 못지않게 상가주택 자리를 원하는 경우가 많다고 한다.

이러한 상가주택은 층별로 구분 등기된 경우가 드물다. 1인의 소유(혹은 공동소유)로 되어 있다 보니 건물 전체가 하나의 단위로 매매가 이루어진다. 주택에는 1가구 1주택 비과세 제도가 있다. 하지만 주택 이외의 건물에는 비과세가 적용되지 않는다. 이러한 상가와 주택이 혼재된 상가주택을 양도하는 경우 양도소득세는 어떻게 매길까?

2022년 1월 1일 이후 양도분부터는 12억 원이 넘는 상가주택은 주택 부분만 1세대 1주택 비과세를 적용한다. 상가와 주택을 별도로 구분해 과세를 한다. 고가 상가주택은 상가 부분을 더 이상 주택으로 간주하지 않는다는 것이다. 주택 연면적이 상가 연면적보다 큰 상가주택이 실거래가 12억 원 이하면 기존과 동일하게 전체 12억 원까지 비과세가 가능하다.

그러나 실거래가가 12억 원을 넘을 경우 주택 연면적이 상가 연면적보다 크다 하더라도 상가 부분은 비과세 혜택을 받을 수 없다.

윤석열 정부에서는 2022년 5월 10일부터 양도세 중과 1년 유예를 실행하고 있다. 일시적 양도세 완화 확정이 이루어져서 시중에 물건이 나오고 있다. 그러나 아직까지는 관망세가 이어지는 모습이다.

서울과 수도권은 계속 인구가 늘어나고 있으므로 최우선으로 서울로의 접근이 쉬운 방향으로 주택 매수를 추천한다. 서울 수도권의 모든 부동산은 강남과의 접근 거리에 따라 과학적인 가격이 형성되어 있다. 한 치의 오차도 없이 체계적이다. 강남과의 접근이 가격대비 어렵다면 서울 접근성으로라도 우선순위를 정해 매수하기를 추천한다.

정권이 바뀌었어도 복지를 위해서 세수를 확보할 수밖에 없다. 일반인에게 조세는 큰 변화가 없을 것으로 보인다. 따라서 정권 교체가 이루어졌어도 전 정부와 큰 변화가 피부로 와닿지 않을 것이다.

양도세 한시 완화는 조금 시간이 있다. 일 년으로 끝날지 일 년을 더 연장할지는 미지수다. 그러나 이 기회도 준비된 자에게만 돌아갈 것이다.

지금도 상담을 요청하는 분 중에는 50대가 유독 많다. 아마 내 이력을 알기 때문일 것이다. 대부분 평범하게 직장생활을 하던 분들이다. 은퇴 시기가 다가오자 지금까지 힘들게 모은 돈을 어떻게서든 지켜내고 싶은 분들이다.

아직 내 집이 없는 사람도 있고, 집 한 채 가지고 있는 분도 있다. 주변에서 권해서 소형 아파트나 오피스텔을 구입한 경우도 있다. 나는 그들의 이야기를 듣고 길을 안내한다. 그런 분들이 내용을 이해하지 못하더라도 차근차근 설명한다. 왜냐하면 내 자신이 그랬기 때문이다. 그래서 그들의 고충과 절박함을 잘 알고 있다.

여기서 이야기하고 싶은 것은 급매물이 나왔을 때, 왜 그게 급매로 나오게 됐는지를 알아야 한다는 것이다. 진짜 물건에 문제가 있는 것은 아닌지, 혹은 세금 때문에 나오는 급매인지를 말이다. 후자라면 다시 올 수 없는 기회니 반드시 잡도록 하자.

50대 부동산 투자 팁

상가주택은 시세 차익형 부동산이다. 미래가치 있는 상가주택은 주변 주택 가격이 꾸준히 오르는 지역이다. 주변 집값의 평당가가 높으며 배후 세력에 오피스 상권이 있고 상업, 편의시설 등이 잘 갖추어진 곳의 상가주택을 추천한다.

부동산 시장에 관심을 가지고 공부를 병행해 나가면 의사결정할 기회가 온다. 그 기회를 잃지 않길 바란다. 또한 기회는 항상 가까이 있다는 것을 명심하길 바란다.

14

모아둔 돈이 넉넉하지 않은 50대는
이곳에 투자하라

나는 54세 때 인천 재개발 지역에 투자했다. 인천 계양구 효성동에 위치한 22평 연립이다. 감정평가액이 1억 2,000만 원인 부동산으로 사업시행인가까지 받은 물건이었다. 집 주인이 30년 보유한 상태에서 자금 사정상 매도한 것으로 보였다. 관리처분인가가 언제 날지 몰라 프리미엄 없이 물건을 내놓은 것 같았다. 매도자가 철거 때까지 전세로 사는 조건이었다.

매매가 1억 2,000만 원에 전세가 4,500만 원, 실투자금

7,500만 원이었다. 2017년 5월에 계약하고 7월에 등기 후 그해 9월에 관리처분인가가 났다.

2018년 12월에 이주 시 규제가 없어 이주비 대출이 감정가의 70%가 나왔다. 이주비 대출금 7,000만 원으로 전세금 4,500만 원을 제외한 2,500만 원에 자금을 조금 더해 시내에 구축 24평형을 샀다.

재개발은 조합원분양가와 일반분양가가 다르다. 효성동 물건은 조합원분양가가 24평 2억 5,000만 원이었고 일반분양가는 3억 2,000만 원이었다. 그리고 조합원은 기본 옵션을 제공하는 혜택이 있다. 확장이 무료였고, 시스템 에어컨도 무료였다. 분양가와 무료옵션에서 8,000~9,000만 원을 이미 번 셈이다.

3년 공사 후 2021년 12월에 입주하면서 구축을 2021년 6월에 매도하여 차익을 남겼다. 그리고 현재 재개발된 아파트는 호가 6억 원 초중반이다.

이처럼 재정비사업은 수익을 극대화할 수 있다. 실투자금이 7,500만 원이었는데 그 후 이주비 대출 7,000만 원이 나왔느니 실제 투자금은 500만 원이었던 셈이다.

또한 조합원분양가 2억 5,000만 원에서 호가가 6억 5,000만이 되었으니 4억 원 정도의 자산이 불어난 것이다.

이처럼 재개발은 황금알과 같다. 더욱이 이번 정권에서는 재개발에 탄력을 받을 것으로 보인다.

그래서 재개발로 수익을 본 사람은 너무도 달콤한 맛에 다른 것에는 만족을 덜 느낀다. 워낙 수익이 크니까 말이다. 재개발의 가장 큰 장점은 적은 돈으로 새 집을 살 수 있다는 것이다. 이 부분은 투자해보지 않은 사람은 믿기 어려운 일이다.

50세 이후에는 재개발은 꼭 알아보라고 추천하고 싶다. 많지 않은 돈으로 이익을 낼 수 있을뿐더러 재개발 진행 단계에 따라 이익이 실현되는 시기가 생각보다 빨리 찾아오는 경우도 흔하다.

관심 지역에 재개발 물건이 있는지, 투자금이 얼마가 드는지, 또한 어떤 단계의 부동산인지 현장 방문을 해서 알아보자. 그렇다고 바로 계약을 하라는 소리는 아니다. 점검하는 과정이 필요하다. 부동산 수업을 듣든, 책이나 매체를 통해서든, 상담을 통해서든 가능한 경로를 통해 검토하고 비교 분석하여 의사결정을 해야 한다.

중개사무소에서 하는 말만 듣고 실행하면 되돌릴 수 없을 수 있다. 주변에 부동산 투자 성공 경험이 많은 지인이 있으면 도움을 받는 것 추천한다. 경험 없는 주변 친구, 친인척 등의 자문은 피한다. 전혀 도움이 안 된다. 특히 재개발은 공부가 필요한 영역이다.

재개발을 쉽게 설명하자면, 낡은 집을 새롭게 신축할 때 기반시설부터 가스, 상하수도, 도로 등 모든 주변 환경 정비를 새로 하여 아파트를 짓는 것을 말한다. 즉 건물들이 낡고 오래됐으며, 골목이 좁아서 차가 드나들기 어렵고 침수 피해도 자주 발생하는 곳이 재개발 지역이 될 수 있다.

재개발은 정비 기반시설이 열악하여 도로, 공원 등을 새로 만들기 위해 기부 채납을 많이 해야 한다. 그러므로 재건축의 감정가액에 대한 재산권리와 재개발의 감정가액에 대한 재산권리가 다르다.

그에 비해 재건축은 주변 기반시설이 다 갖추어져 있으며 아파트만 구축이어서 신축으로 짓는 것이다. 그래서 재개발보다 가격이 비싸며, 신축 후에도 상승 폭이 높다.

재개발은 조합원의 감정가액에서 기반 시설을 조성하기 때문에 인정받은 가격이 재건축보다 낮다. 예를 들어 재건축은 10평 감정가가 5억 원이라면 평형 신청 시 5억 원을 뺀 나머지 금액의 추가분담금만 내면 가능하다. 그러나 재개발

▌재개발과 재건축 비교

구분	재건축사업	재개발사업
초과이익환수제	○	×
거주요건	○	×
조한원 지위 양도 금지	조합설립인가 이후	관리처분인가 이후시

＊재개발 조합원 전매금지는 2018년 1월 24일 이후 사업시행인가 신청한/하는 조합에게 적용
＊도정법 개정 후 최초 조합설립인가 조합은 분향신청 전까지 2년 이상 거주 미충족시에 현금정산 대상

은 10평 감정가 평단가 시세를 재건축보다 훨씬 낮게 받는
다. 이유는 기반시설을 예상하고 조합원의 지분율에 따라 일
정 비율을 적용하기 때문이다. 그러므로 추가분담금이 재건
축 10평보다 재개발 10평이 훨씬 더 높다.

　　재건축과 재개발 투자는 모두 전매금지 요건이 있다. 재
건축은 조합설립 인가 이후, 재개발은 관리처분 인가 이후로
전매금지 대상이다. 현재 서울의 재개발 지역을 보면 대부분
이 전매가 가능한 상황이다. 재개발 전매금지는 2018년 1월
24일 이후 사업 시행인가를 신청하는 조합부터 적용된다.
현재 관리처분이 난 대부분의 재개발 지역들이 그 이전에 사
업 시행인가를 신청했기 때문에 전매할 수 있다.

전매가 가능한 예외 규정이 있다. 1세대 1주택자가 10년 보유, 5년 거주 요건을 충족하면 전매할 수 있다. 또한, 재건축의 경우 조합설립인가 일부터 3년 이상 사업 시행인가 신청이 없거나 사업 시행인가 일부터 3년 이내 착공하지 않으면 전매할 수 있다. 착공일로부터 3년 이상 준공되지 않은 재개발, 재건축 역시 전매가 가능하다. 단 3년 이상 보유한 조합원만 전매할 수 있으므로 보유 기간을 충족하지 못한다면 위 기준에 부합해도 전매금지 대상이다.

재정비사업은 해당 구나 시에서 단계마다 허가를 내주는데 통과될 때마다 웃돈이 붙는다. 어려움이 제거되어 사업 시행이 임박했음을 의미한다. 지금 서울은 정비사업이 대세다. 공급이 부족하다 보니 정비사업으로 공급량을 해결하려 서울시장이 적극적으로 밀고 있다. 재건축과 재개발은 사업 진행 속도가 어느 정부 때와 비교가 안 될 정도로 신속할 것이다. 문제는 가격이다. 서울이 수요가 큰 데다가 정비사업은 투자의 꽃이다 보니 가격에 반영된 상태이다. 사업이 순조롭게 진행되어 곧 아파트가 가시화될 재개발, 재건축 부동산은 아주 비싸다.

그렇다면 아예 희망이 없을까? 그렇지 않다. 시일은 남았지만 가능성 있는 부동산을 발굴해야 한다. 서울이 힘들다면 경기도, 인천 등 수도권에서 재개발, 재건축 부동산을 찾는 걸 추천한다. 지금 시장은 지방에서 직장을 찾아 서울, 수도권, 인천으로 수요가 유입되고 있다. 이런 곳에 부동산을 시간과 함께 심어야 한다.

57세 E씨는 성남 금광동 지분 7평 조금 넘는 빌라를 매수했다. 2011년이었다. 매매가는 9,400만 원, 전세금은 6,000만 원이었다. 따라서 실투자금 3,400만 원이다. 2018년 관리처분인가가 났고 24평을 신청했다. 조합원분양가는 3억 5,000만 원, 감정가액이 1억 1,000만 원이었다. 따라서 추가분담금은 2억 4,000만 원이었다. E씨는 2021년 2월 한양수자인 성남마크뷰에 입주했다.

E씨는 성남 금광동 빌라에 투자할 때 언젠가는 오른다는 생각에서 묻어두자는 심정으로 투자했다고 한다. 지금은 재정비사업이 가시화되지 않았을지라도 지가 상승과 재정비라는 사업이 만나면 자산소득은 극대화된다. 다만 어느 정도 시간이 흐를 때까지 기다리겠다는 여유가 필요하다.

시간을 투자한다는 것은 재정비사업의 특성이다. 아래 몇 군데 재개발 지역을 소개한다. 현장 방문과 투자에 참고

하시길 바란다.

미추1구역, 미추8구역, 주안10구역, 산곡구역, 십정5구역, 안양시 비산초교 주변 재개발, 천호동 재개발도 발품 팔아볼 필요가 있다.

요즈음은 신축에 대한 선호도가 높아 입지가 조금 떨어져도 정비사업으로 신축이 완성되면 신축 프리미엄으로 상당한 차익 실현을 할 수 있다.

투자가치가 높은 것은 재건축 〉 신축 〉 구축 순이다. 이를 고려하여 종잣돈을 마련하고 상급지로 들어설 계획을 세우자. 일정한 계획이 실현되면 계속 움직이며 자본 파이를 키워나간다. 처음부터 원하는 집, 살고 싶은 집을 살 순 없다.

가장 접근이 쉬운 투자 방향은 금융과 주식보다는 부동산 투자고, 그중에서 전문성이 필요한 토지 투자보다는 건물 투자이며, 건물 투자 중에서는 아파트, 아파트 투자에서는 재건축, 재개발 대상 부동산에 투자하는 것이 초보자도 실패하지 않는 부동산 투자 방법이다. 50대 초보 부동산 투자자가 재개발, 재건축에 집중해야 하는 이유이다.

50대 부동산 투자 팁

50세 이후에는 재개발은 꼭 알아보라고 추천하고 싶다. 왜냐하면, 많지 않은 돈으로 이익을 낼 수 있기 때문이다. 재개발 진행 단계에 따라 이익이 실현되는 시기가 생각보다 빨리 찾아오는 경우도 흔하다. 관심 지역에 재개발 물건이 있는지, 투자금이 얼마가 드는지, 또한 어떤 단계의 부동산인지 현장 방문을 해서 알아보고 충분히 비교 분석하여 의사결정을 해야 한다.

부동산 투자, 50에 시작해도
이것만 알면 성공합니다

1

아무리 늦었어도
부동산에 돈 묻어야 하는 이유

"지금 아파트에 돈 묻어두면 망합니다. 인구가 줄어들고 있어요. 그러면 아파트에 들어갈 사람이 없는 거예요."

이런 주장을 하는 분들이 있다. 나는 이 말에 동의하지 않는다. 부동산 가격은 단편적인 요인에 의해 형성되는 것이 아니다. 다시 말해 인구가 증가해도 주택 공급이 수요를 충족하지 못하면 시장은 움직인다. 어느 지역에 인구가 늘어나더라도 인구 증가율보다 더 빠르게 주택 공급이 늘어난다면 집값은 오르기 쉽지 않다. 인구는 늘어나지만, 주택 공급이 적은 지역에서 집값이 오르게 되는 것이다. 이처럼 인구가 줄면 집값이 내려간다는 논리와 마찬가지로 단순히 인구가 늘면 집값이 오른다는 논리 또한 맞지 않다.

인구 감소가 먼저 일어날 곳은 지방이다. 직장을 따라 수도권으로 인구가 유입되면서 인접 도시에서 서울로 출퇴근하는 범위가 자꾸 넓어지고 있다. 어디까지를 수도권으로 봐야 할까? 광역이 어디까지 넓어지는지는 철도를 보면 알 수 있다.

KTX 산천, KTX 이음 노선 때문에 안동-청량리까지 한 시간이면 도착한다. 서울, 부산, 대구, 대전 등 대도시 인구는 줄었지만 인접 도시까지 확대해보면 대도시를 생활 반경으로 하는 도시들이 넓어지고 있음을 알 수 있다. 광역화가 되고 교통이 발전할수록 서울의 행정구역을 넘어서는 '광역 서울권'이 형성된 것이다. 경기도 서남쪽, 인천 등이 대표적이다.

1970년대에 서울의 강북 인구를 줄이기 위한 정책이 강남, 서초 개발이다. 1990년대 인구가 너무 많으니까 인구 분산을 위해 1기 신도시를 건설해 수도권에 30만 호를 건립했다. 신도시로 계속 주택 공급을 해소하다 보니 서울 주변은 신도시로 에워싸여 주택과 교통이 개선됐는데 서울은 정작 재건축, 재개발을 하지 못했다.

예전에 마포, 용산, 성동구는 주거 환경이 아주 열악한 지역이었다. 그런 곳을 재개발하기엔 어려움이 많았기에 택지개발로 주택 공급 해결책을 택한 것이다. 아래로는 평택, 위로는 의정부, 양주, 파주까지 택지개발이 이루어진 상황이다. 그로 인해 서울이 더 커졌다. 택지개발에 교통망을 개선하니 살기가 편해졌기 때문이다.

GTX 노선이 동두천까지 놓여 있다. 그런 와중에 서울은 점차 낡아간다. 지난 몇십 년간 강북의 낡은 주택은 더 낡았고, 기존 아파트들도 다 낡았다. 서울을 구역별로 보면 대규모 재건축이 이루어진 곳은 인구가 많이 증가했다. 대표적인 곳이 강동구로 고덕주공 재건축으로 인해 인구가 늘었다. 정부 정책과 반하는 것이다.

인구를 분산시키고 싶은데, 서울 재건축을 하면 할수록 서울 인구는 늘어난다. 서울의 재건축, 재개발은 인구 증가를 가져올 것이며, 수도권의 인구 증가는 계속 증가하고 있다. 즉 인구 감소는 서울, 수도권의 주택 가격과는 크게 상관이 없다.

인구 증가는 경기도가 가장 높았다. 동탄, 고양시, 강동구, 세종, 용인, 시흥 등은 최근 입주 물량이 많은 지역이다. 현재 한국통계청 자료에 의하면 서울은 2017년 380만 4,000 가구에서 2028년 391만 2,000 가구를 정점으로 감소하고, 2047년에는 371만 2,000 가구(2017년 대비 -2.4%)까지 감소할 것으로 내다보고 있다. 경기는 2017년 456만 3,000 가구에서 2042년 613만 가구를 정점으로 감소하고, 2047년에는 608만 3,000 가구(2017년 대비 33.3% 증가) 수준이 될 것으로 전망한다.

우리나라 인구는 정점을 찍고, 2028년부터 인구가 줄기 시작하여 2045년이 되면 2015년 수준까지 인구가 줄어든 다고 한다. 지금보다 인구가 줄어드는 시점은 30년 후라 하겠다. 지난 20년간 수도권 인구가 25.2% 증가하는 동안 지방의 인구는 5.6%밖에 늘지 않았다.

지방은 점점 인구가 줄 것으로 보인다. 수도권에 있는 공기업들이 속속 지방 혁신 도시로 이주하고, 행정부가 새로운 도시로 이주하는 것까지 감안한 수치이다. 미래에도 수도권은 인구가 많이 늘어나고, 지방은 인구가 줄거나 적게 늘어나는 현상을 보일 것이다. 향후 20년간 세종시 인구가 61.7% 증가하고, 부산의 인구는 13.6% 감소하는 것으로 나타났다.

하지만 '인구가 줄면 주택 수요도 직접적으로 줄기 때문에 집값이 떨어질 것'이라는 주장은 틀렸다. 부산 집값을 보면 알 수 있다. 부산 인구는 줄어들고 있지만, 집값은 한동안 거침없이 올랐다.

집값은 인구수보다 가구 수에 영향을 받는다. 인구수가 줄더라도 가구 수가 늘어나면 주택 수요는 늘어나는 것이다. 현재 가구 수는 어떻게 변했을까? 지방의 인구는 과거 20년간 5.6%밖에 늘어나지 않았다. 하지만 같은 기간 동안 가구 수는 무려 40%나 늘었다. 이 때문에 인구가 줄어든 6개 지역에서조차도 매매가뿐 아니라 전세가도 크게 올랐다.

가구 수를 기준으로 한 서울 부동산의 수요는 2028년까지 계속 증가할 것이고, 2047년에 감소하는 수요는 2017년 대비 9만 가구밖에 되질 않으므로 수요 감소에 의한 부동산 폭락은 일어나지 않을 것이다. 부동산 가격을 결정하는 요인은 다양하겠지만, 인구수가 감소함에 따라 수요가 급감하여 부동산 폭락이 오는 일은 일어나지 않을 것이다. 전 세계적으로 보아도 인구와 집값의 상관관계는 뚜렷이 드러나지 않는다.

생산 가능 인구 감소와 노령화가 빠르게 진행되고 있는 유럽 대부분 나라의 부동산은 여전히 오르고 있다. 독일도

1990년대부터 생산 가능 인구가 감소하고 고령화 진행 속도도 빠르지만, 2010년 이후 독일 7대 도시의 주택 가격은 118.4%, 임대료는 57%나 상승했다. 베를린, 프랑크푸르트, 뮌헨 등 도심에 사람들이 몰리면서 집값 폭등했다.

전문가들은 집값에 영향을 미치는 요인은 인구 외에도 유동성, 주택 공급 상황, 금리 등 경제 상태, 정부 정책 등 다양하다고 지적한다. 인구가 감소해도 주택 공급이 줄고 있다면 집값은 오를 수밖에 없다. 주택 시장에선 인구보다 가구 수 변화가 더 중요하다. 주택 수요가 가구 단위로 이뤄지고 있기 때문이다.

소득 수준이 나아지면서 1인당 주거 면적은 계속 넓어지는 추세다. 또한 서울 등 인기 지역 아파트 수요는 계속 늘어나는 상황이다. 수도권은 물론 지방도 주택 수요가 지속해서 늘어날 것이다. 서울은 주택 공급이 부족한데 경기도 주민 상당수가 진입을 희망할 정도로 수요는 여전히 많다. 서울에 일자리가 몰려 있는 상황에선 전국적으로 인구가 감소한다고 해도 집값은 계속 오를 가능성이 크다. 미래에 인구가 줄어들어 집값이 내려갈 것이라는 논리는 현실성이 없음을 현 부동산 시장이 증명한다.

50대 부동산 투자 팁

출산율이 낮아져도 부부의 주거 수요 및 가구 분화 추세, 1인 가구 증가 등의 요인으로 주택 수요가 늘어나고 있다. 가구 수 증가 추세를 보면 현재 주택 수가 부족한 상태에서 장기적인 주택 가격 하락을 말하기는 어렵다. 외국인 체류 인력이나 귀화 인구가 늘어나는 현상 또한 주택 가격의 잠재적인 상승 요인으로 볼 수 있다.

2
꽃을 오래 보고 싶으면
활짝 핀 꽃을 사면 안 된다

　　인천에 사는 무주택자 48세 A씨는 영종도의 영종 한신 더휴 스카이파크 2019년식 24평형을 4억 1,000만 원에 매수할지 김포고창마을 KCC스위첸 2011년식 24평형을 4억 8,000만 원에 매수할지 고민하다가 나에게 상담을 요청했다. A씨의 직장은 김포 시흥이어서 출퇴근 시간도 중요했지만, 나는 영종도나 김포에 들어가서 거주하는 것보다는 강서구 성심하이츠 1동 29평형을 5억 1,000만 원에 들어가는 게 좋겠다고 추천했다. 이유는 단순하다. 출퇴근 거리보다

각 지역에 사람들이 살고자 하는 희망 수요를 봐야 한다. 어느 지역의 수요가 많으며, 어느 곳을 매수해야 자산 증가의 속도가 빠를지 생각해야 한다. 수요가 많은 곳에 내 집 마련하는 것이 답이다.

시장에 많은 물량이 풀리면 전세가는 출렁인다. 최대 하락가까지 전세가가 떨어졌다면, 점차 풀렸던 전세 물량이 해소되며 전세가가 반등할 시점을 맞이한다. 전세가가 반등하기 시작하면 하락하던 매매가도 전세의 반등에 기대어 함께 상승하기 시작한다.

위의 현상에 담긴 심리는 이렇다. 해당 지역 입주 물량이 많아 전세가가 일시적으로 휘청이다가, 입주 물량이 해소가 되면 입지가 좋은 단지의 대장 아파트의 전세가가 가장 먼저 반등을 나타낸다. 전세가 따라 하락하던 매가와 이제 막 반등하는 전세가가 가깝게 만나는 순간 실거주자 전세 수요와 갭투자자들로 인해 매매에 불이 붙으면서, 바로 매매가가 치고 올라가는 양상을 띠게 된다.

위의 사례에서 구축인 강서 지역이 신축인 청라보다 자산 가치가 더 빠르게 증가한다. 10년 후에 청라의 아파트는 준 신축이 될 것이며 강서는 재건축을 바라보게 될 것이다. 당장 살기 편한 곳에 주택을 매입할 것인지, 아니면 주택을 자산 증식의 기회로 활용할 것인지에 따라 미래의 자산 크기는 극명하게 대비되게 된다.

대기 수요가 많은 곳에 매수하는 것이 올바른 선택임을 명심하자. 지역이나 도시에 따라 방법은 다르지만, 서울을 비롯한 수도권에서는 신축 여부를 따지기보다 입지의 가치로 자산을 불린다는 목표로 몸테크 하는 것이 부자로 빠르게 가는 선택임을 잊지 말기 바란다.

50대 초반 Y씨는 2019년에 디에이치자이개포 32평을 분양가 18억 원에 분양받았다. 현 시세 33억이다. Y씨의 고민은 개포디에이치자이를 매도하고 잠원동 구축으로 갈아타고 싶은데, 남편과 의견이 통일되지 않는 것이다. 남편은 곧 아파트 가격이 하락할 것이므로 팔고, 임대로 살면서 주식으로 재테크를 하자는 의견이다. Y씨는 부동산의 미래 가치를 아는 사람이다. 신축은 이미 내재 가치가 가격에 반영된 반면, 잠원동은 개포보다 입지가 우수하고 재건축과 리모델링으로 자산 증식을 앞두고 있는 지역이다. 그래서 갈아타는 게 현명한 선택이다. 그러나 실행하기까지는 많은 고민과 결단이 필요했다.

이렇듯 신축과 구축은 겉으로 보이는 모습으로 판단해서

는 안 되며, 부동산이 가진 내재 가치를 보고 판단해야 한다. 꽃으로 비유하자면 개포는 활짝 핀 꽃으로 아름다움을 선사할 시간이 짧고, 잠원은 아직 피지 않은 꽃이다. 꽃을 오랫동안 보고 싶으면 활짝 피지 않은 꽃을 사야 한다. 여기서 전제조건은 꽃의 외양이 아닌 입지가 우선이라는 점이다. 신도시 내 신축과 서울 시내 구축의 선택 문제라면 서울 구축이 답이다. 입지가 우월하면서 앞으로 수익을 안겨줄 물건이라면 금상첨화이다.

구축 아파트가 일반 물건과는 다르게 새 아파트보다 가격이 높은 경우, 이유는 무엇일까? 그것은 주택의 가치가 건물에만 있는 것이 아니라 대지에 있기 때문이다. 대지는 시간이 흘러도 낡아지는 것이 아니다. 주택에서 감가상각은 건물에 한해서다. 그러므로 전체 주택에서 대지 가치보다 건물 가치의 비중이 클수록 감가상각의 영향을 받을 수밖에 없다. 부동산은 건물 가치보다 대지 가치가 높은 주택이 장기적으로 상승 가능성이 더 큰 것이다.

대표적인 예가 반포주공아파트이다. 건물은 다 낡았는데 대지지분이 높아 42평이 70억 원이다. 5층 건물로 1세대가 소유한 대지지분이 일반 중층 아파트보다 3배가 높다. 대지의 엄청난 가치가 아파트 가격에 내포된 셈이다. 다시 말해,

반포주공은 입지의 가치가 평당 가격으로 나타난다. 부동산은 물건의 상태보다 물건이 품고 있는 가치가 우선한다는 것을 기억해야 한다.

50세 F씨는 광교 센트럴타운 60단지를 보유 중이다. 갈아탈 곳은 분당에 위치한 서현 시범단지나 효자촌 중에서 고민이다.

어떤 곳이 괜찮은 선택일까? 지난해 수도권 집값을 끌어올렸던 광교를 팔기 아깝다는 생각이 들 수도 있지만, 장기적인 관점으로 접근한다면 분당 선택이 현명하다. 왜냐하면, 광교는 15년 정도면 준 구축이 될 부동산이고 분당은 10년이면 신축으로 거듭날 미래가치가 풍부한 부동산이다. 그리고 광교보다 분당이 입지 면에서 우위이다. 경기 성남 분당 중에서도 시범단지와 효자촌을 비교·분석해서 미래 가치가 더 높은 시범단지를 선택하는 게 좋다.

GTX 호재에 의왕 집값 역시 지난해 급등했다. 의왕시와 안양시 동안구(평촌신도시) 지역은 최근 지하철 4호선 인덕원역이 수도권광역급행철도(GTX) C노선의 추가 정차역으로 사실상 확정되면서 아파트값이 치솟았다. 여기에 인덕원-동탄 복선전철(인동선)을 비롯해 월곶-판교 복선전철(월판선) 등 교통 호재가 몰려 있다.

국토교통부 실거래가를 보면 인덕원 인근 아파트인 안양시 동안구 관양동 인덕원 삼성(1314가구 · 1998년 12월 준공)은 2021년 9월 7일 10억 5,000만 원(전용면적 $60m^2$ · 5층)에 거래됐다. 연초 8억 원(1월 23일 · 14층)에 거래된 것과 비교하면 2억 5,000만 원이나 껑충 뛰었다. 의왕시 포일동 인덕원 푸르지오엘 센트로(전용 $85m^2$ · 2019년 11월 준공) 아파트는 2021년 6월 6일 16억 3,000만 원에 거래됐다. 한 달 새 1억 원이 올랐다.

이후 하락세를 보이고 있긴 하지만 의왕, 인덕원이 서울 중급지 가격과 비슷하다. 만약 이곳에 집을 보유하고 있다면 어떻게 해야 할까? 신축을 누리면서 GTX가 개통될 때까지 가지고 갈 것인지, 아니면 빨리 서울로 갈아탈 전략을 펼칠 것인지 투자자라면 고민해봐야 한다. 투자의 고수라면 갈아타는 전략을 세운다.

경기도인데 교통 호재 하나만으로 이 정도 가격이라면 상급지인 서울로 빨리 들어오는 것이다. 시일이 늦어지면 못 들어올 수도 있다. 서울은 재개발로 곳곳이 정비사업 대기 중인 상태다. 언제 어떤 사업 시행으로 가격이 오를지 알 수 없으며, 이는 시간문제다. 경기도 외곽에서 서울의 일자리 근처로 조금씩이라도 진입을 시도해야 좋다. 신축에 취해 최근 상승분에 만족하면 부를 더 축적할 수가 없다. 자산이 불어나갈 곳으로 이동해야 한다. 자산 편집은 1년 365일 동안 하는 것이다. 지금 편한 곳에 머물지 말고 내 자산의 가치를 조금이라도 더 높여 줄 곳을 끊임없이 찾아보아야 한다.

50대 부동산 투자 팁

부동산은 철저히 입지에 대한 가치로 가격이 정해지는 상품임을 잊지 말자. 그다음 개별 상품의 특성에 따라 가격이 형성된다. 예를 들면 신축의 소규모 단지보다 구축의 입지 좋은 곳이 상품 가치가 높다는 것을 상기하기 바란다.

3

상승과 하락 사이클을 알 수 있는 최소한의 지표

　내 주변에는 50대에도 아직 전세 살고 있는 분들이 꽤 있다. 좋다, 나쁘다 할 게 아니지만 몇 번 강조했듯이 '내 집 마련'은 돈 불리기의 가장 좋은 기회다. 생각해보자. 우리가 쓰는 물건은 사용하게 되면 그 가치가 떨어진다. 하지만 집은 다르다. 집은 들어가 살아도 그 가치가 올라간다. 경기가 좋지 않아 부동산 시장이 순간 얼어붙을 때도 있지만 많은 사람이 그 타이밍에 집을 사서 상승기 때 부자가 됐다. 전세에 살다 보면 가장 귀찮을 때가 집주인이 전세금을 올려달라고 할 때다. 어차피 이사 나갈 때 돌려받는 '내 돈'이라고 생각할 수도 있지만, 만약 그 돈으로 그 아파트를 샀다면 오르는 전세금보다 훨씬 많은 집값 상승을 경험했을 것이다. 이러한 이유로 전세에 사는 사람이 조금만 관심을 가지면 부동산 시장을 더 잘 파악할 수 있다. 전세가는 매매가와 밀접한 연관이 있기 때문이다. 이를 잘 분석하면 매수매도 타이밍도 찾아낼 수 있는 힌트가 된다.

현재 공급 부족으로 전세 시장 또한 불안한 상태다. 시장을 안정시키기 위해 3기 신도시 사전청약이며, 부동산 규제 정책으로 시장을 붙들고 있지만, 시장을 이기는 규제는 없다. 더구나 임대차 보호법으로 인하여 2년 전세 기간을 4년으로 제도화하면서 시장에 순기능이 사라진 모습이다. 전세 물건은 더 사라지고, 법으로 묶어 두었던 전세 기간의 종료 시점이 도래하면서 공급마저 끊겼다.

이런 시기에 주의해야 할 매물이 있다. 전세가와 매매가가 오랫동안 큰 갭 없이 붙어 있으면서 매매 거래량이 없고 전세 거래량만 많은 곳이다. 게다가 구축이라면 이런 아파트는 매수하는 것을 심사숙고해야 한다. 미래 가치가 없기 때문이다.

전세가가 올라 매매가와 붙어 있을 때 거래량이 폭증한

다면 그때는 해당 매물에 호재가 있거나 부동산 심리가 좋아지는 경우다. 그러므로 늘 매매·전세 그래프를 함께 살펴보는 습관을 들이자.

▌ 매매 · 전세 그래프

출처: 아실

전세가가 3억 원인 곳이 살기가 좋아지거나, 좋아질 예정이라면 집주인들은 3억 1,000만 원에 전세를 놓게 된다. 그러면 이 물건은 거래가 되고, 대기하는 사람들은 3억 2,000만 원으로 전세 시세를 올리게 된다. 이런 모습으로 전세가가 시장에서 형성된다. 그러다가 전세가가 매매가와 만나는 시점이 온다. 매매가를 3억 5,000만 원으로 가정해보자. 전세가가 3억 4,000만 원에 거래되는 순간, 매도하려는 집 주인들은 3억 6,000만 원으로 매매가를 올린다. 이 시점에 매매와 전세 거래량이 늘면 매매가는 순식간에 상승하게 된다. 이 아파트 주변의 호재가 있거나 부동산 심리가 아주 좋아지는 경우인 것이다.

거꾸로 매매가가 떨어져서 다시 전세가와 만나는 경우는 하락기에 접어들었다는 신호이다. 매물이 쌓이고 집주인들은 내 집을 먼저 팔려고 매매가를 싸게 내놓게 된다. 예를 들어 시세 3억 5,000의 아파트를 내놓았는데 매물이 많아 팔리지 않는다면 3억4,000만 원으로 호가를 내리게 될 것이다. 그리고 3억 4,000에 거래가 되면, 매도자들은 시장이 좋지 않다고 판단하여 더욱 빠르게 팔려고 한다. 그러다 보면 매물이 많아져서 매매가는 점점 하락하고 전세가와 만나게 된다.

이 시기에는 전세가도 동반 하락한다. 전세가가 점점 떨어지다가 어느 순간이 되면 다시 보합권이 되면서 매매가의 하락을 방어해 준다. 전세가가 매매가의 하락을 막아 주는 이유는 간단하다. 전세가는 실수요자들이 해당 아파트에 살고자 하는 심리가 반영된 가격이다. 반면에 매매가는 실수요와 투자 수요가 함께 반영된 가격이라고 볼 수 있다. 투자자로서는 실수요자가 선호하며 받쳐주는 아파트에 투자하려는 것이 하락장을 대비하는 장치 역할을 하는 것이다. 해당 지역을 대표하는 대장 아파트는 하락장 때 전세가와 매매가가 가장 적게 떨어지며, 상승장 때는 전세가 매매가가 가장 먼저 반응한다. 아래 사례들을 살펴보자.

송파구 헬리오시티

2018년 1월 신도시급 물량 약 9,500세대의 매머드급 입주 물량이 일순간 풀렸다. 당시 뉴스에 따르면 헬리오시티 전세 물량 폭탄은 송파구, 위례, 서초구, 강동구까지 역전세난의 영향을 끼쳤다. 그렇게 많던 전세 물량이 2019년 6, 7월 즈음 마무리가 되니 서서히 전세가가 반등하고 뒤따라 매가가 상승하기 시작했다.

송파구 리센츠

헬리오시티의 전세 물량 폭탄은 송파구 대장 아파트 리센츠에도 영향을 미쳤다. 같은 시기 2018년 1월~2019년 8

월까지 전세의 보합세가 이어지다가 헬리오시티의 물량이 해소되는 시기에 맞춰 전세가와 눌려 있던 매가가 날개를 달고 반등하기 시작했다.

▌송파구 가락동 헬리오시티 / 송파구 잠실동 리센츠

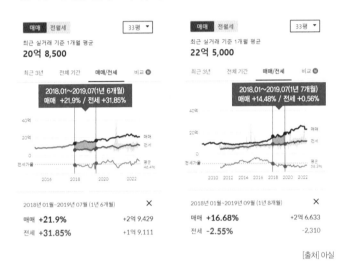

[출처] 아실

위의 예시는 모든 아파트에 해당하는 현상이다. 하락장에는 수요가 매매가 아닌 전세로 몰리게 되어 있다. 방어적인 심리가 작용한다. 하지만 곧 전세가가 올라가면 매매가와 격차가 좁혀 들어가니 매매가로 수요 심리가 번져가는 것이다. 특히나 하락장에서 대장 아파트의 전세가 상승은 거의 시간 간격을 두지 않고 매가 상승으로 이어지는 현상을 볼 수 있다. 이러한 시장 심리가 어떻게 공급 물량, 미분양, 전세가, 매매가에 나타나는지 들여다볼 필요가 있다. 아래 예시들을 통해 살펴보자.

같은 기간의 미분양 그래프다. 2017년부터 미분양이 쌓이기 시작해 2019년 말 정점을 찍고 2020년 초부터 미분양이 가파르게 감소하는 추세를 보인다. 2020년~2022년

■ 2017년~2019년 울산의 입주 물량 그래프

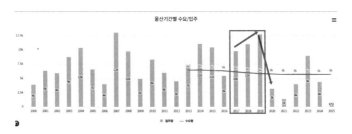

＊2017년~2019년 울산의 입주 물량 그래프다. 공급이 과잉이었다가, 2020년~2023년의 공급량이 부족해짐을 볼 수 있다.

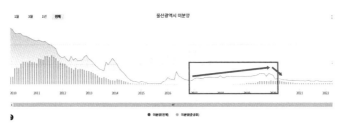

출처: 부동산지인

까지 미분양은 사실상 구하기 어렵다. 이러한 전체적인 공급 물량과 미분양 그래프를 확인했다면, 해당하는 연도에 울산의 1군 2군 입지 대장 아파트 전세가와 매매가 시세가 어떻게 움직였는지 복기해볼 필요가 있다.

울산남구 문수로2차 아이파크 2단지

해당 아파트는 울산의 1군 입지인 남구 중에서도 대장 아파트인 문수로2차 아이파크다. 이 아파트는 학군을 꽉 잡은 울산 메인 입지의 랜드마크다. 2016년에 전세의 상승세가 보였다가 입주 물량이 많았던 2017년~2019년 시기엔 전세가 보합을 이룬다. 쌓여가던 미분양이 2020년 급격히 줄어드는 시기에 전세가의 소폭 상승이 이뤄진다. 거의 동시에 매가 반등이 이어져 나타난다. 전세가가 중간에 하락할 때, 매매가 또한 함께 출렁인다. 그러나 2020년 이후 2023년까지 공급이 부족했던 울산의 상황에 전세가는 금세 치고 올라가며 매가 또한 그 이상의 상승을 보여준다. 대장 아파트이기에 시세를 이끌어가는 역할을 하고 있음을 볼 수 있다. 울산의 전체적인 상승장이 지속할 것이라는 기대심리가 반영된 결과이다.

울산중구 약사더샵

이 아파트는 울산의 2군 입지인 중구 중에서 시세를 견인하는 약사더샵 아파트이다. 문수로2차 아이파크와 비슷한 흐름을 보여준다. 2017년~2020년 초반까지 전세와 매매의 보합세를 보이다가 남구 대장 아파트가 치고 올라가고 나서 2~3개월 기간을 두고 바로 따라 올라가는 모습이다.

▌울산남구 문수로2차 아이파크 2단지 / 울산중구 약사더샵

출처: 호갱노노

앞의 그래프들을 보았듯이 공급 물량이 많아지면 해당 지역에 매가가 출렁이며 전세와 매가 하락세를 나타나게 된다. 매가가 영향을 받는 이유는 사람들의 매수 심리가 얼어붙기 때문이다. 좋은 입지에도 불구하고 미분양이 쌓이고, 마이너스 프리미엄까지 붙는 모습을 바라본다면 "내가 아파트를 사고 더 떨어지면 어쩌지… 이 하락세가 계속 이어지면 어쩌지"라는 심리에 차라리 안전하게 전세로 살면서 돈을 지키는 길을 택하는 사람들이 늘어난다.

그 결과는 전세가율의 보합 혹은 상승으로 나타난다. 이렇게 되면 매가와 전세가의 갭이 붙게 되고, 1군 입지 대장 아파트부터 매가 상승이 시작되어, 시장에 많이 풀린 분양권들이 감소하고 사람들의 얼어붙어 있던 매수 심리가 서서히 풀린다. 미분양이 해소되면서 매수에 관심을 보이기 시작하는 시장으로 변해간다. 대장 아파트의 매가 상승 흐름은 2군, 3군 입지의 메인 아파트들로 흘러가며 서서히 시장 전반적으로 훈풍이 불고 상승세에 들어서게 되는 것이다.

집값이 내려가면 전세가 치고 올라와 다시 집값을 올려주는 것이 시장 논리다. 우리나라만 있는 전세가는 실수요자들이 평가하는 가격, 즉 실제 사용 가치를 의미한다. 매매가는 실수요자들의 사용 가치에 투자가치를 더한 것으로 전세가보다 높다. 매매가와 전세가의 차이가 크다면 사람들이 생각하는 투자가치가 높다는 의미다.

매매가가 오르면 전세가가 오르는가? 매매가는 투자가치이므로 개발 호재, 심리적 가치에 의해 가격이 먼저 움직이게 되고, 전세가는 움직이지 않는다. 그럼 매매가와 전세가 차이가 작다면 매매가가 올라갈 것인가? 지역에 개발 호재, 이주 수요가 없으면 매매가는 오를 요인이 없으며, 전세가 역시 매매가를 뚫고 올라가는 경우는 극히 드물다. 즉 갭이 작다고 아무 이유 없이 매매가가 오르는 것은 아니다.

그 지역 전체의 전세가율이 높은지 먼저 파악을 해야 한다. 만약 다른 아파트들의 전세가율이 떨어지면서 매매가가 올라가고 있다면 상승장인데, 해당 아파트만 전세가율이 높은 경우라면 오르지 않는 아파트일 가능성이 크다. 즉 전세가율이 높다고 좋은 아파트는 아니다. 전세가율을 통해 시장 파악은 할 수 있지만 전세가율 하락이 부동산 시장 침체를 나타내거나 부동산 가격 하락으로 이어지는 것이 아니다. 전세 금액이 그대로이거나 상승하고 있는데, 매매가가 더 많이 상승한 경우를 매매가 대비 전세가가 낮다고 표현한다. 매매가는 유지되면서 전세가가 하락하는 경우 새 아파트 입주를 시작으로 나타나는 일시적 현상인데 이때 새 아파트 포함 주변 아파트들의 전세가가 하락하는 경우가 있다.

이는 공급 물량에 따른 일시적 현상으로 시장은 곧 회복된다. 한편, 매매가 상승하고 있는데 전세가는 유지되는 경우도 있다. 대표적인 상승장의 모습으로 전세가가 올라가는 속도보다 매매가가 올라가는 속도가 더 빠르므로 나타나는 현상이다. 매매가는 유지되는데 전세가가 상승하는 경우는 바닥 시점에 나타나는 현상이다. 대표적인 시장이 2013~2014년 서울이었다. 하락장 바닥 지점에서 전세가율이 아주 높게 우상향할 때는 상승 사이클일 때다. 즉 전세가가 올라가기 때문에 매매가도 덩달아 함께 밀려 올라가게 된다.

하락장일 때 드러나는 대표적인 매매가와 전세가의 특징이 있다. 이때는 전세가도 떨어지고 매매가도 떨어진다. 그리고 매매가의 하락폭이 더 크다. 반대로 전세가가 올라가는 정도보다 매매가가 올라가는 속도가 더 빠르면 상승장이다. 바닥 장일 때는 전세가율이 70~90% 정도로 높고, 하락장일 때는 전세가율 자체는 높지 않지만 매매가와 전세가율이 40~60%로 좁혀진다.

상승장일 때는 매매가가 전세가에 영향을 주며, 반대로

바닥 장일 때는 전세가가 매매가에 영향을 준다. 갭투자로 인한 상승장일 때는 매매가가 급상승하며, 전세가가 일시적 하락 또는 안정적으로 유지된다.

그러나 그 이후 전세가는 점차 상승하는 특성을 갖는다. 이 시기 임대인은 전세가를 올리려고 하고, 임차인은 이사를 하거나 임대인의 전세가 상승 요구를 수용하거나 둘 중 하나를 선택하게 된다. 해당 지역의 전세 수요는 대규모 멸실과 같은 특별한 사유가 있지 않은 이상 일정한 편이다. 따라서 공급 물량, 즉 신규 주택 입주 물량은 바로 전세가에 영향을 주게 된다. 다시 말해 일정한 수요에 비해 공급이 늘면 전세가가 낮아지고 공급이 줄면 전세가가 높아진다.

전세가가 오르면 실거주자들은 거주 비용이 비싸지므로 집을 매수하게 된다. 투자자들 또한 갭이 줄어드는 것을 확인하고 매수에 나선다. 반대로 전세가가 떨어지면 실거주자들은 거주 비용이 저렴한 전세를 택할 것이고 투자자들은 갭이 커져서 물건을 매수하기가 부담스러워진다.

즉 공급 물량이 많으면 전세가가 하락하며 매매가도 하락하게 된다. 반면 공급 물량이 적으면 전세가가 상승하며 매매가도 상승하는 현상을 보인다. 즉 전세가로 인해 매매가가 올라가다가 어느 정도 집값이 내려가면 전세가가 치고 올라와 다시 집값을 올려준다. 이런 매매가와 전세가와의 연관 관계를 파악하여 매수 매도의 적절한 타이밍을 잡길 바란다.

50대 부동산 투자 팁

집값이 내려가면 전세가 치고 올라와 다시 집값을 올려주는 것이 시장 논리다. 우리나라만 있는 전세는 실수요자들이 판단하는 가격, 실제 사용 가치를 의미한다. 매매가는 실수요자들의 사용 가치에 투자가치를 더한 것으로 매매가가 전세가보다 높다. 하락장에 있던 바닥지점에서 전세가율이 아주 높게 우상향할 때는 상승 사이클일 때다. 즉 전세가가 올라가기 때문에 매매가도 덩달아 함께 밀려 올라가게 된다. 이를 를 잘 분석하면 매수매도 타이밍을 찾아낼 수 있는 힌트가 된다.

4
50대가 현실적으로 투자 가능한
저평가 지역 TOP10

많은 50대가 10년 후, 20년 후까지 내다보며 투자하기를 꺼린다. 그때가 되면 나이가 60, 70세가 되는데 기다릴 수 없다는 것이다. 그런데 아직 살 날이 50년이 남았다. 그 기간 내에 충분한 수익을 낼 수 있는 부동산은 많다. 교통망을 바라보면 그 답이 나온다.

아직 덜 오른 지역이 있다. 교통 계획을 알고 있다면 노후를 책임질 수 있다. 철도는 계획해서 실행되기까지 15~20년 걸린다. 예비타당성과 기본계획 고시할 때가 평균적으로 가격이 가장 많이 오른다. 철도계획 10년 중에서 첫 2년이 가장 중요하다. 정작 완공된 다음에는 크게 오르지 않는다. 투자할 때 기억해야 할 점을 살펴보자.

전동차가 한 번 움직일 때 운송 인원이 중요하다. 6량 이상 열차가 다녀야 파급력이 세진다. 수도권은 22개 노선이 운영 중이며 투자 시에는 2호선(본선), 9호선, 신분당선 노선을 주목해야 한다. 열차의 운행 횟수도 중요한데, 일례로 2호선은 하루 한 방향으로 240대 운행한다. 편도로 120대 이상은 운행을 해줘야 출퇴근용으로 의미가 있다.

GTX 장점은 빠르다는 것이다. 지하철보다 2배~2.5배나 빠르다. 하루 최대 한 방향으로 120대를 운행하며 수도권의 경우 지하철과 환승 할인된다.

단점은 대심도 지하 50m까지 내려가기 때문에 탑승까지 시간이 오래 걸린다는 점이다. 그리고 요금이 비싼 편이다. C노선은 기본 요금 2,700원에 5km를 더 갈 때마다 추가 요금이 230원가량 붙을 예정이다. 동탄에서 강남까지 출퇴근할 경우, 총 운임은 왕복 9,000원 정도 예상된다.

GTX-A 노선은 삼성역이 핵심이다. 국토부는 2023년으로 예상하지만, 실질적으로는 2026년쯤은 되어야 탈 수 있는 상황이 될 것이다. 삼성역 복합환승센터가 현재 진행이 불투명해서 삼성역 개통은 시간이 걸릴 것 같다. GTX 관련, 아직 덜 오른 유망한 지역을 소개하면 다음과 같다.

■ GTX 개통 관련 유망 지역

파주 운정3지구	부평역
대곡역 인근 능곡지구	김포 장기역
의정부역	하남 시청역
금정역	원종 사거리역
인천시청역	청주

GTX-A 노선

1. 파주 운정3지구 인근

GTX-A 노선이 서울로부터 멀리 떨어져 있을수록 혜택을 받는다. GTX-A 노선이 대곡역과 파주 운정역에 정차가 확정되면서 기존에 취약했던 강남 접근성이 해소되었다. 상대적으로 소외된 고양시에게는 강력한 호재가 아닐 수 없다. 과거엔 강남을 가기 위해 1시간 이상 소요됐던 것이 20~30분 내외로 단축됨에 따라 강남으로 출퇴근하는 직장인들에게

▌파주 운정역 인근

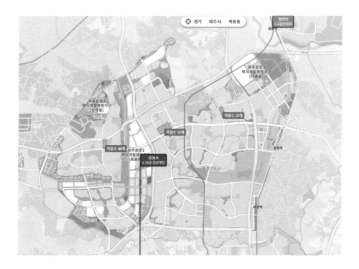

는 고양시가 충분히 고려해볼 만한 선택지가 되었다.

2. 대곡역 인근 능곡지구

일산의 삼송, 원흥, 지축지구에 비해 상대적으로 일산 구축이 소외됐었는데, 교통의 호전으로 구축인 덕양구가 다시 상승세를 보여주고 있다. 고양시 덕양구의 경우 서해선 대곡소사, GTX-B 대곡역 호재뿐만 아니라, 능곡재정비촉진지구로 인해 대단지 아파트가 들어서며 덕양구의 메인 입지가 될 것으로 보인다.

▌대곡역 인근

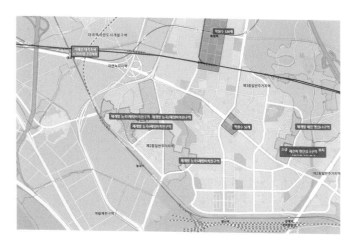

GTX-C노선

3. 의정부역

의정부시는 GTX-C, 7호선 연장선 등의 교통 호재로 서울 접근성이 개선되고 있어 수요자들의 관심을 받는 지역이다.

4. 금정역

2027년 예정인 GTX-C 노선의 경우, 의왕역이 정차역

■ GTX-C 노선

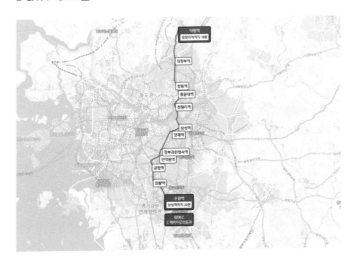

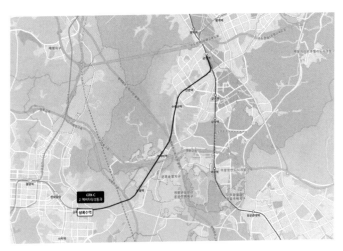

*GTX-C노선 추가 신설 왕십리, 인덕원, 의왕, 상록수역을 주목할 만하다.

50에 시작해도 늦지 않은 부동산 투자

으로 확정되는 순간 금정역의 호재는 파급력이 한층 떨어질 수밖에 없다. 그럼에도 금정역 정차는 여전히 군포시의 큰 호재가 아닐 수 없다. 오래된 산본 1기 신도시에 현재 리모델링 바람이 부는 것이 호재를 증빙한다.

안산 상록수역의 GTX-C 정차역이 확정인지 아닌지 이슈가 많았다. 2024년 준공 예정인 신안산선의 호재로 안산이 이미 엄청난 상승세를 보여주는 상황에 GTX-C 상록수역까지 호재 바람이 부니 하루 만에 3억 이상의 실거래가 상승을 기록하기도 했다. 현재로서는 이미 많이 오른 매가에 조정을 받는 상황이지만 꾸준히 지켜볼 이유는 충분하다고 보인다.

GTX-B노선

5. 인천

GTX-B 노선의 호재로 인해 인천시청역 주변의 주택 가격이 많은 상승을 보였다. 특히 정비사업인 재개발 지역이 기존에 없던 큰 상승폭을 보였다. 더불어 외부 인구 유입도 가속화되고 있다. 송도국제도시의 가장 큰 개발 호재는 단연 GTX-B 노선 개발 확정이다. 인천대입구역 주변 A 아파트,

바다 조망권이 확보된 해변가 B 아파트, 학원가 주변 C 아파
트의 가격을 보면 준공 연차가 5년이 지났는데도 역 주변 아

▌인천역 인근

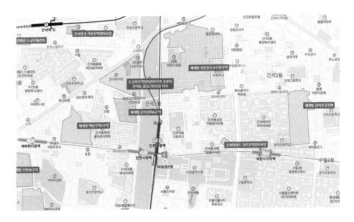

▌GTX-B 노선

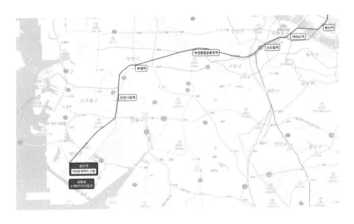

　　　　　　　　　　　　50에 시작해도 늦지 않은 부동산 투자

파트가 신축에 뒤지지 않으며, 최고가는 오히려 훨씬 높다. 아래 두 아파트의 최고가를 비교해 보면 교통의 힘을 실감할 수 있다.

서울 접근성의 개선으로 인해 송도 아파트는 더욱더 가치가 높아질 것이다.

▌인천연수구 더샵송도마리나베이 / 송도더샵퍼스트파크

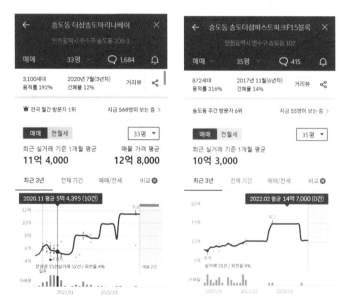

[출처] 호갱노노

6. 부평역

부평역의 경우 GTX-B 노선 개통이 예정되었을 뿐 아니라, 미군기지 공터가 사라지고 공원이 조성되어 거주 환경이 좋아질 전망이다. 또한 백운, 부평, 부개역 인근으로 대규모의 재개발 호재가 있어 눈여겨 볼 만한 지역이다.

▌부평역 인근

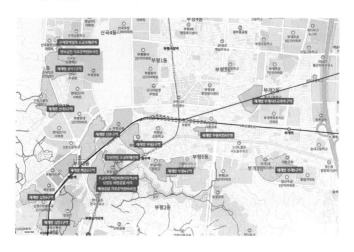

추천 TOP 10에 포함되진 못했지만, 부천종합운동장역 인근도 추천한다.

인근에 임야, 공원이 자리잡았고 역세권 개발 중인 준공역 지역이기에 개인투자자가 비집고 갈 곳이 없어서 TOP 10에 포함되지 못했지만, 서울 중심에서 벗어나는 곳에서 유일하게 GTX 환승역이라는 호재가 존재한다.

▌부천종합운동장역 인근

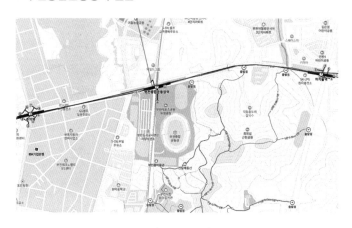

7. 김포 장기역 – 부천종합운동장역

김포 장기역 인근 GTX-D가 늦긴 하겠지만, 공약으로 인해 노선이 확장될 수도 있을 듯하다. GTX 신설 계획에 따라 주요 장소를 직접 임장해보는 것도 좋은 방법이다. 지도로 보는 것과 직접 가서 보는 것은 큰 차이가 난다. 부동산 투자에 있어서 임장은 필수다.

▌GTX-D 노선

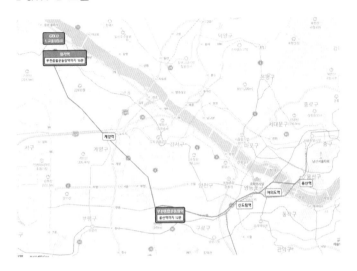

8. 하남 시청역 인근

강동구 하남권은 서울 지하철 5호선 하남검단산역 전면 개통에 이어 교통 호재가 기대된다. 또한, 지하철 3, 9호선 연장은 2023년 착공하여 2028년 개통 예정이다. 하남의 구 시가지인 하남시청역 아래 196만 평의 교산신도시 수요를 배후로 확보할 수 있다.

9. 부천 대장-홍대 입구

원종사거리역 등의 재개발 주택이 호재다. 이럴 때 재개

▌3호선 연장

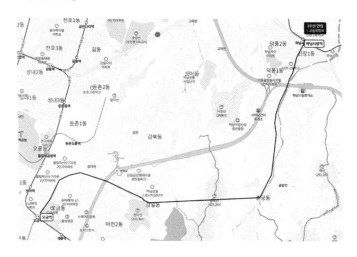

▌관흥대흥선

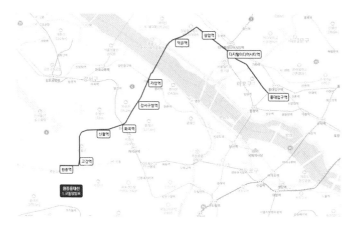

▌원종 재정비 예정지

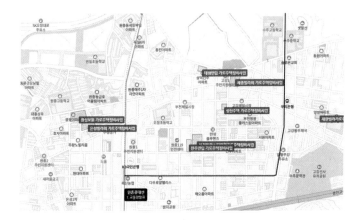

발 지역을 직접 탐방해야 한다. 무턱대고 전화로 물어보는 것은 추천하지 않는다. 직접 가지 않으면 물건의 상태나 동네의 가치를 확인할 수가 없다.

10. 청주

청주가 좋아 보인다. 앞서도 말했듯이 철도는 계획해서 실행되기까지 오랜 시간이 걸린다. 투자로 진입하면 구간마다 시세가 상승하게 되므로 계획 단계에 들어가서 차익 실현하고 또 다른 수익을 향하여 갈아타는 것이 좋은 투자 방법이다.

▌수도권내륙선

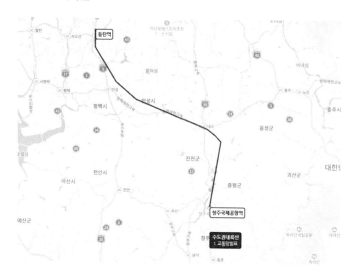

비수도권 중 5개 권역을 집중적으로 살펴볼 필요가 있다. 부산, 대구, 광주, 대전, 강원도 권역별로 1개씩 광역철도 사업을 우선 검토한다고 하며 사전타당성 검토 준비 중이다.

철도 노선은 아직이다. 세종이 너무 올라서 조정을 받고 있는데, 세종 국회 이전으로 불씨가 다시 살아날 여지가 있다. 세종의 인구는 10만에서 시작해서 40만이 넘었으며 앞으로도 계속 증가할 전망이다.

11. 9호선 강동—남양주(진접2지구 풍양역)

9호선 강동구 중앙보훈병원역-고덕강일역이 2028년 완공 예정이다. 추후 고덕강일역~남양주 풍양역까지 연장 호재만을 바라보고 현 시점에 투자로 들어가기엔 이르다고 판단이 된다. 경기도 평균 상승률보다 거래량이 폭발적으로 상승하는 지역이 북쪽의 의정부, 양주, 동두천이다.

2019년부터 경기도 공공기관 이전 계획을 이재명 전 지사가 발표했다. 3차까지 발표한 공공기관 이전 계획이 경기

▌9호선 연장

50에 시작해도 늦지 않은 부동산 투자

북구 부동산을 들썩이게 한 원인은 세종시의 공공 기관 이전이 성공적인 선례가 되었기 때문일 것이다. 시간이 걸리지만, 자리가 잡히면서 주거와 인프라 및 교통이 확장되리라는 인식이 강하다. 이전 대상 경기 관공서 대부분이 수원에 있는 한편, 이전할 지역들은 북쪽이다. 남양주를 포함한 북쪽 지역에 관심이 쏠리고 있다. 최근 일산이 주목을 받은 이유도 이 때문이다. 상대적으로 수원에는 악재가 될 것으로 보인다.

부천 소사에서 대곡역까지 대곡소사선이 하반기 개통 예정이다. 소사-대곡, 대곡-경의선, 경의선-일산역 연장이 그 지역의 호재다. 대곡역에서 일산역까지가 확장으로 인해 일산아파트가 한때 큰 상승폭을 보였다. 대곡역은 3호선이 지나가며, 대곡소사선에 김포공항역이 있다. 김포공항역은 5호선, 9호선이 지나며, 공항철도 환승역이 있다. 일산, 대곡은 3호선 강남, 소사선은 5, 9호선으로 여의도 쪽 출퇴근 거리가 좁혀졌다. 큰 호재이다.

맞벌이가 늘어난 요즘은 직장·주거 근접이 훨씬 중요해졌고 결혼하지 않는 사람도 늘어남으로써 학군보다는 직장에 대한 수요가 크다. 교통의 중요성은 앞으로 더욱더 우선순위로 꼽힐 것이다. 직장·주거 근접은 교통을 의미하기 때문에 관심을 두고 부동산 투자 시 판단 기준으로 삼기 바란다.

인천의 강남으로 불리는 송도는 서울로 출퇴근하기 불편한 점과 병원이 없다는 인프라의 아쉬움 등 두 가지 약점을 해소할 호재가 출현했다. GTX-B 노선 개통과 2021년 2월 세브란스병원 기공식이 그것이다. 시간은 걸리겠지만 서울 출퇴근 문제가 해소되고 병원이 들어서면 송도는 상승 가능성이 커질 것으로 본다.

▋ GTX-B 노선

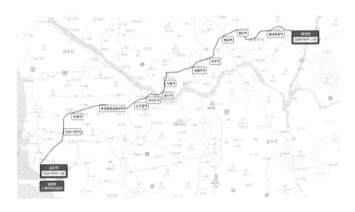

그다음 살펴볼 인천 지역은 계양구다. 2021년 4월에 신월여의지하도로 개통으로 여의도에서 신월 IC까지 도로가 연결되었다. 현재는 남청라까지 연결되는 경인고속도로 지하화 사업을 추진 중으로, 예비타당성 심사를 요청한 상태

50에 시작해도 늦지 않은 부동산 투자

다. 이것이 통과되면 영종도에서 여의도까지 직주 근접이 실현되기 때문에 지속적인 관심을 가질 필요가 있다.

▌경인고속도로 지하화

지방 부동산이 살아나려면 수급이 개선이 필요하며 거기에 기반 산업이 받쳐주는 지역이 유망하다. 이를테면 정유, 조선업이 활황이면 부동산 가격은 상승 폭을 키운다. 그런 지역 중 하나가 군산이다. 2018년 6월 한국GM 대우가 군산 사업장을 철수하면서 지역경제에 어려움을 겪었으나, 2020년 SK 컨소시엄이 새만금에 2조 투자를 결정했다. 새만금에 창업클러스터와 데이터센터를 구축할 계획이다.

코로나 이후 서버가 한층 중요해졌기에 데이터센터를 유

치하게 되면 네이버나 삼성SDS 같은 유망 IT 클라우드 업체들이 들어올 가능성이 크다. 또 하나 군산의 호재는 2020년 11월 새만금 동서도로 개통이다. 육지에서 새만금까지 대로를 타고 갈 수 있게 된 것이다. 즉 전주부터 새만금 중심부까지 직통으로 갈 수 있는 혁신적인 변화를 예고한다. 전주는 전북혁신도시에 주목해야 한다. 혁신도시 중 가장 앞서나가는 곳이 전주다. 전북혁신도시는 광주전남 혁신도시 다음으로 인구가 많아서 전북 인구만 2만 6,000명이다.

지방에서는 일자리가 가장 중요한데 전북혁신도시의 일자리는 타 혁신 도시보다 압도적으로 많다. 일자리 증가 폭이 2012~2017년까지 5년간 2만 개가 증가했다. 같은 기간 타 혁신도시는 일자리 1만 개 증가에 그친 것과 비교하면 두 배의 수치이며, 일자리의 질 또한 좋다.

전북의 탄소소재 국가산업단지 조성사업이 본격화된 것 또한 긍정적인 뉴스다. 이와 함께 새만금 전주 고속도로가 뚫린다면 전주와 군산은 탄소산업, 데이터센터 투자 등이 역동적으로 움직이면서 중장기적으로 상승세를 보이리라 예상된다.

정리하자면, 빅데이터를 통해 보았을 때 전북혁신도시에

투자와 일자리가 늘어나면서 전라북도, 새만금, 군산, 전주가 부동산 전망이 좋을 것으로 예측할 수 있다.

마지막은 거제도다. 거제는 조선 3사가 있는 곳이다. 현대중공업, 삼성중공업, 대우조선해양 등이다. 2021년 11월 ~12월 두 달 동안 114억 달러를 수주했다. 삼성중공업이 단일 수주로는 역대 최고 수준인 3조 원을 수주했다. 수급 개선, 기반산업 발전 효과가 두드러지므로 관심을 두고 지켜볼 지역이다.

50대 부동산 투자 팁

경기도와 지방 등 공공 이전 및 기업 유치와 교통 개선이 이루어지는 곳을 유심히 지켜볼 것을 권한다. 은퇴 전후의 50대라면 '이제 직장 때문에 어디에 살아야 해.' '애들 학교 때문에 이사를 못 가.' 같은 핑계는 통하지 않는다. 교통망만 잘 파악하고 있어도 돈을 벌 수 있다.

5

50대는 매수매도 할 때
체크 포인트가 다르다

부동산 시장의 동향을 살펴보면 2020~2021년 집값이 역대 최고의 상승률을 보였다. 한 달 상승률이 전월 대비 1% 오른 적은 지난 10년 동안 16개월 뿐이었는데 이 기간에는 상승률이 무려 2%에 도달하기도 했다. 지난해 집값 상승의 주범은 막대한 유동성이었다. 2011년 9월~2021년 9월까지 통화량이 203% 증가했다. 그러니까 2배 이상 늘었다는 이야기다. 즉 돈의 가치가 떨어져서 가격이 올라간 것이다.

현재 미국 당국은 지속적인 금리 인상을 예고하고 있다.

지금까지 금리 인상 시 미국의 집값이 어떻게 움직였는지 살펴보자.

미국은 2008년 12월부터 초저금리를 단행하여 7년간 0.25%로 거의 제로금리를 유지했다. 그러다가 2015년 12월부터 금리 인상을 시작했다. 2018년 12월까지 3년 동안 금리는 10배가 올라 2.5%에 달했다. 이렇게 대출이 많은 나라에서 금리가 오르면 집값이 많이 내려갔으리라 생각하겠지만 같은 기간 동안 집값은 10% 상승했다. 금리와 무관하게 실물 자산, 금값, 주식 등이 모두 올랐다. 금리와 집값은 밀접하다고 보기 어렵다.

집값은 통화량과 더 밀접한 관계가 있다. 또 한 가지 기억할 것은 통계는 해석이 중요하지, 절댓값 가지고 시장을 판단하면 안 된다는 사실이다.

52세 O씨는 일산서구 가좌5단지 B아파트 48평형을 5억 9,000만 원에 분양받았다. 서울에서 태어나 자란 O씨는 서울 대비 저렴한 가격에, 그것도 넓은 평형 아파트를 얻었다는 만족감과 함께 입주했다. 그런데 행복한 생활도 잠시였다. 시간이 지날수록, 특히 이번 가파른 상승장에서도 자신의 아파트가 주변 아파트 대비 하락하는 것을 보고 판단 착오임을 깨달았다. 갈아탈 방법을 찾다가 급한 마음에 2020년 하반기 이 집을 4억 2,000만 원에 매도했다. 계획도 없었다. 분양가 대비 자꾸만 떨어지는 가격에 불안을 느낀 나머지 더 이상 손실을 막아야겠다는 생각이 앞선 것이다. 일단 매도 후 생각하자는 마음이었다.

O씨를 더욱 불안하게 만든 것은 서울에 집을 산 친구들이었다. O씨가 이 집을 살 때만 해도 친구들이 부러워했다. 그런 친구들과 역전 현상이 벌어진 것이다. 그때 힘들었던 친구는 서울에 늦게 집을 마련하여 이번 상승장에 7~8억 원의 시세 차익을 얻었다. 그것을 보고 자책감이 들면서 남편에게 미안하기까지 했다. O씨가 주장하여 분양받은 아파트이기 때문이다. 다음 투자에서 만회해야겠다고 생각하며 이번 매도 결정을 내렸다. 그러나 이 부분에서 O씨가 간과한 것이 있다.

처음 분양받을 때 입지에 대한 공부 없이 의사결정 했다면 이번에는 그 부분을 확실히 인정하고 복기를 통해 철저한 준비 과정을 거쳤어야 했다. 아파트 시세는 같은 시기라도 흐름이 다르게 움직인다. 예를 들자면 가장 먼저 상급지가 오르고 중급, 그다음 하급 순으로 파도 타듯이 부동산 가격이 형성된다. 공부가 된 상태였다면 이제 O씨의 아파트 값이 오를 타이밍임을 알 수 있었을 것이다. O씨가 매도한 지 3개월 후 아파트 가격이 오르기 시작하여 지금은 딱 두 배인 8억 원이 형성된 상태이다.

내가 소유한 아파트만 안 오른다고 매도 후 다른 전략을 수립할 경우 상승장만 피해 다니는 꼴이 될 수 있다. 남들이 다 겪은 상승장을 나만 놓치지 않으려면 지금 어느 지점에 와 있는지 시장을 파악해야 한다.

한국의 부자들은 부동산 없이 부를 이룬 사람이 없다. 그 정도로 보편적이면서 안정적인, 재테크의 첫걸음이라 할 수 있는 내 집 마련에서 O씨처럼 시행착오를 겪다 보면 추스르고 앞으로 나아가기가 힘들다. 스스로 만든 허들까지 제거하며 가야 하기에 많은 에너지가 필요하다.

O씨가 보유한 아파트를 성급히 매도하지 않고 차근차근 준비 기간을 가졌다면 지금 같은 보합장에서 8억 원의 아파트를 보유한 상태로 다음 상급지로 갈아탈 절호의 기회를 맞이할 수 있었을 것이다. 어떤 의사결정을 했느냐에 따라 대가는 천지 차이이다.

하락론자가 폭락을 얘기하는 것은 겉으로 드러나는 수치

만을 이야기하는 경우가 많다. 개별 물건에 대한 통계를 보고 여러분이 판단해야 한다. 부동산 시장은 개별성이 높아 물건마다, 지역마다 흐름이 다르다. 뉴스나 매체에 휘둘리면 안 된다.

예를 들어 보자. 우리나라 집값이 크게 두 번 하락했다. IMF와 국제금융위기 때다. IMF 때 15% 떨어졌고, 국제금융위기 시기 3% 하락했다. 그런데 그때 은마아파트는 30% 하락한 것으로 나타났다. 이것이 통계 수치의 함정이다. 국제금융위기 때 강남 아파트는 30% 하락했지만 오르거나 떨어지지 않는 곳이 있어 통계 수치는 3%로 나온 것이다.

매체에서 퍼센트, 확률이라는 단어가 눈에 들어오면 무엇 대비 무엇에 대한 퍼센트인지 꼼꼼히 따져볼 필요가 있다. 뉴스는 이슈화하기 위한 목적도 있다. 이를 걸러내는 부동산 인사이트가 필요하다. 지금 이 순간도 시장은 각기 별개의 모습으로 흐르고 있다. 지금 뉴스에 나오는 기사가 내 부동산과 어떤 연관이 있는지 점검하면서 해석해야 한다.

정부는 강남 집값과 다주택자를 잡기 위한 정책을 발표하고 규제를 가했다. 그러나 무주택자에게는 최고의 기회였다. 분양가상한제로 말도 안 되는 분양가에 인기 지역 새 아파트를 손에 넣은 사람은 앞으로 다시 오기 힘든 기회를 잡은 셈이다. 이렇듯 뉴스에서 말하는 정책과 제도가 나와 해당 사항이 있는지 따져가면서 자산을 지켜야 한다. 한정된 토지에 제한적인 공급을 할 수밖에 없는 주택 시장은 개별적인 접근이 필수 사항이다. 서울이 오를 때 지방이 떨어질 수 있고, 지방이 오를 때 서울이 떨어질 수 있다. 부동산은 지역 시장 원리에 의해 개별적인 모습을 띠므로 서울 수도권 시장을 지방 시장으로 대입해서 판단하는 잘못을 범하지 않기 바란다.

50대 부동산 투자 팁

부동산은 개별 물건의 특성이 있으므로 같은 지역임에도 가격이 차이 날 수 있다. 이를 공부를 통해서 알아낼 수 있다. 과거 데이터를 찾아보기만 해도 부동산 인사이트를 키울 수 있다. 공부 없이 뉴스만 보고 매수하거나 매도하면 손해를 본다. 내가 매수하고자 하는 부동산에는 해당 사항이 없는 뉴스도 많다. 매수하고자 하는 부동산은 현장에서 해답을 찾길 바란다.

6

50대라면 수익형 부동산보다
이걸 사는 게 낫다

    나이가 들면 수익형 부동산과 시세 차익형 부동산 중에 고민하다가 결국 현금흐름을 선택하는 사람들이 많다. 특히 은퇴가 가까워져 올수록 월마다 들어오는 현금의 유혹에 흔들리게 된다.

    부동산 투자는 수익형 부동산과 시세 차익형 부동산 두 가지로 나뉜다. 미래 가치를 볼 수 있는 역량이 있다면 시세 차익형으로, 그렇지 못하다면 안전하게 수익형으로 투자하라는 견해도 있다. 하지만 시장을 보는 눈이 없다면 시세 차익형 투자를 해도 원하는 수익률을 거두기 힘들다. 부동산 투자의 최고봉은 빌딩 투자, 즉 시세 차익형 상품이다. 돈을 빨리 크게 벌고 싶다면 시세 차익형으로 투자하는 것이 좋지만 그만큼 리스크는 공존한다. 리스크 없이 돈을 빨리 벌고 싶은 것은 수익형이 아니다.

자금이 여유 있고 성공적인 투자 경험도 있다면, 본인의 니즈에 맞추어 두 가지 방법을 혼합하면 된다. 그러나 돈도 없고 경험도 없으면 일정한 비용을 지불해서라도 신뢰할 만한 전문가의 도움을 받는 것도 방법이다.

가장 좋은 방법은 본인이 실력을 갖추어 투자하는 것이다. 노후라 해도 현금흐름과 수익률에 올인하다 보면 더 많은 기회를 놓치거나 적은 월세에 만족해야 하는 아쉬운 상황을 맞이할 수 있다.

주택 대체재로 오피스텔이 화두에 올랐다. 분양가가 무려 16억 2,000만 원이었던 힐스테이트 과천청사역 전용 84형의 경쟁률이 1.398대 1이었다. 분양가 9억 8,000만 원이었던 신길AK푸르지오 전용 78형의 경우는 경쟁률이 1,367.9대 1이었다.

비싼 분양가에도 아파트 대용품으로 가능한 부동산이기

때문에 투자한 것으로 본다. 이와 같은 상품은 입지나 교통 여건 등으로 봐서 임대 수익과 시세 차익까지 가져올 수 있을 것으로 보인다. 이렇게 두 가지 요건을 모두 충족하는 경우가 투자에 있어서 최고 상품이라 할 수 있다. 오피스텔은 월세만 받는 수익형 상품이라는 고정관념이 있다. 물론 그런 경우도 많지만, 올바른 기준을 가지고 고른 오피스텔은 월 수익뿐만 아니라 매도 시 차익까지 안겨준다. 일례로 2018년 오피스텔 가격 변동이 가장 컸던 지역인 양천구의 경우 평균 8% 이상 상승했다. 오피스텔도 잘 선별해서 투자하면 두 마리 토끼를 안겨주는 황금알이 된다.

서울 도심 내 상업지나 준주거지역에 들어선 오피스텔과 택지지구의 상업용지나 자족용지에 들어서는 오피스텔은 비슷해 보여도 성격이 크게 다르다. 도심 내에 있는 오피스텔은 추가 공급 하기가 어려운 상황이다. 그러나 택지지구나 수도권 지역의 오피스텔은 공급이 쉽다. 처음 도시 기획 당시부터 오피스텔 용지가 정해졌는데 차후에 용지가 팔리지 않을 때에 오피스텔 공급업체들이 이것들을 매입해서 눈에 띄게 추가 공급이 늘어난다. 대표적인 예가 하남이다.

하남은 강남의 배후 주거지로서 베드타운의 성격을 강하게 띠는데, 중간에 있는 자족용지가 매도가 안 되다가 이런 오피스텔 공급업체들에 많이 팔렸다. 업체 측에서는 적당한 가격, 높은 수익률을 보장한다며 하남 미사신도시의 후광효과를 얻어갈 거라고 홍보를 한다.

하지만 그곳은 누가 봐도 베드타운의 성격이다. 따라서 투자에 적합한 지역이라고 보기는 어렵다. 물론 이 지역에도 좋은 타이밍에 투자를 들어가면 어느 정도 이익을 거둘 수 있다. 예컨대 도시 기획 당시 최초 분양분을 매입할 경우 이익을 볼 수 있지만, 후발 분양일수록 수익 보기가 어렵다. 오히려 피해를 볼 수 있는 가격대로 분양을 받을 수밖에 없다.

오래된 오피스텔은 수익률의 정점을 찍었다고 보면 된다. 상업용지에 있는 건물들은 재건축, 재개발이 어려우므로 수익의 정점을 지나면 공실률이 높아지며 서서히 매도하기 어려운 구조에 빠지게 된다. 수요가 제한되어 투자 목적으로는 대형 오피스텔이 부적합하다. 매도시 환금성이 확보되지 않는다.

오피스텔의 성공적인 투자 원칙을 살펴보자.

첫 번째, 공실률에 주목하라. 투자 시 대출 레버리지를 활용하는데 공실이 한 달이나 두 달 발생하게 되면 수익의 균형이 무너진다. 이때 중요한 것이 관리비다. 월세 받는 것만 생각하고 공실이 나서 관리비 부담하는 상황까지는 생각을 못 할 수도 있다. 그러나 공실이 난다면 대출과 관리비까지 부담하게 되면서 위험을 안을 수밖에 없다. 공실률을 체크하는 방법으로는 직방이란 앱을 활용해서 해당 건물의 공실 비율이 어느 정도인지 체크해 본다.

오피스텔 1층에 있는 중개사무소를 여러 번 방문하고, 건물을 체크하다 보면 공실에 대한 부분을 확인할 수 있다. 현재뿐만 아니라 미래 공실률까지 체크하는 것이 필요하다. 현재는 공실이 없지만, 지역 가치가 올라가면서 추가 공급될 여지는 없는지도 알아보아야 한다. 월세 수익이 높다고 해서 공실률이 낮다고 볼 수는 없다. 해당 물건이 속한 건물의 임차 물건의 비율을 체크하여 건물 공실 비율을 따져 보아야한다. 예상치 못한 공급은 누구도 막을 수 없으나 최우선 입지는 불변이다. 즉 업무지역, 상업지역, 역세권은 최우선으로 공실률을 방어할 수 있다.

원칙 두 번째, 노후 오피스텔이 아닌 젊은 오피스텔을 골라라. 오래된 순서대로 공실이 날 수밖에 없다. 한 살이라도 젊은 오피스텔을 골라라. 2010년을 기준으로 주거용 오피스텔이 활성화됐다. 그 전에는 주거용인지 업무용인지 구분이 모호했고 주거에 기반을 둔 시설들이 아예 없는 경우도 있다. 따라서 주거용 오피스텔로 월세 받기에 적합한지 기준점을 갖고 투자에 유념해야 한다.

원칙 세 번째, 전세가율이 높은 지역을 노려라. 전세가율이 높다는 것은 저평가되어 있고 임차 수요가 풍부하다는 방증이다. 대체로 업무시설이 집중되어 있으나, 주거지 비율이 낮으며 강남과의 접근성이 떨어지는 지역인 구로구와 중가가 대표적이다. 개발 계획과 접목하여 물건을 고른다면 안정적인 월 수익과 차익이 가능하다. 오피스텔 투자 시 자금이 없어서 시세 차익 용도로만 접근하는 경우는 주의해야 한다.

오피스텔은 투자 패턴에 맞춰 일반임대사업자와 주택임대사업자 중에 선택한다. 일반임대사업자의 경우 대출을 많이 활용할 수 있어 투자금을 크게 줄일 수 있고 부가세 환급이 가능하다. 다만 해당 물건에 사업자등록이 가능한 임차인만 받을 수 있다. 주택임대사업자의 경우 의무 임대 기간을 채우지 못하면 포괄양도 양수 계약으로 매도하게 되는데 잔금을 치르기 전에 양도신고 및 사업자 말소신고를 꼭 해야 하며, 감면받은 취득세는 30일 이내에 신고 납부한다. 모든 부동산은 절세가 투자의 핵심임을 기억하자.

50대 부동산 투자 팁

노후에 현금흐름에 집착하다 보면 수익률을 간과하게 된다. 아무리 수익률과 현금흐름이 우선한다고 해도 시세 차익이 없는 부동산은 큰 낭패가 될 수 있다. 입지와 미래 가치가 보장된 수익형 부동산으로 시세 차익이 동반되는 물건을 선택해야 함을 잊지 말기 바란다.

7

월세 받으면서
노후 준비는
주택연금을 활용하라

내가 집 없는 50대에게 지금이라도 집을 사야 한다고 강조하는 이유 중 하나는 주택연금 때문이다. 집 한 채 있으면 노후에 연금을 받을 수가 있다. 그런데 집이 없으면 이 연금을 받을 수가 없다. 우리나라 가계 자산의 70~80%가 부동산이다. 그중 사는 집의 비중이 대부분이다. 노후에 수입 없이 집 한 채만 남아 있을 때 대안으로 생각하는 것이 주택연금이다. 즉 고령자가 자기가 사는 집을 담보로 연금 형태의 월 지급금을 받아 생활비로 쓸 수 있는 제도이다.

2020년 11월 중순 한국주택금융공사법 개정안이 국회를 통과하여 주택연금 가입 대상을 확대했다. 주택연금에 대해 꼼꼼하게 정리해보자.

주택연금 가입할 때 꼭 점검해야 할 8가지

1. 최근 집값이 많이 올랐는데 고가 주택 보유자도 주택연금에 가입할 수 있나?

▌주택연금 가입요건

가입 가능 나이 및 국적	– 주택 소유자 또는 배우자가 만 55세 이상 – 배우자 중 한 명은 국적이 대한민국이어야 한다
보유주택 수 및 가격	– 주택 수는 상관 없음, 주택 가격과 관련 – 다주택자는 보유 주택 가격 합산 – 9억 원(공시가격) 이하면 가입 가능 – 9억 원 초과 2주택 소유자는 3년 이내 1주택 처분 시 가입 가능

▌일반주택

(종신지급방식, 정액형)   (단위: 천원)

구분	주택 가격											
	1억원	2억원	3억원	4억원	5억원	6억원	7억원	8억원	9억원	10억원	11억원	12억원
50세	123	246	370	493	616	740	863	986	1,110	1,233	1,356	1,480

50에 시작해도 늦지 않은 부동산 투자

55세	161	322	483	644	805	967	1,128	1,289	1,450	1,611	1,773	1,934
60세	213	427	641	855	1,069	1,283	1,496	1,710	1,924	2,138	2,352	2,504
65세	255	510	765	1,020	1,276	1,531	1,786	2,041	2,296	2,552	2,609	2,609
70세	308	617	926	1,234	1,543	1,852	2,160	2,469	2,756	2,756	2,756	2,756
75세	380	760	1,140	1,520	1,901	2,281	2,661	2,970	2,970	2,970	2,970	2,970
80세	480	960	1,440	1,920	2,400	2,881	3,302	3,302	3,302	3,302	3,302	3,302

* 예시 : 70세(부부 중 연소자 기준), 3억원 주택 기준으로 매월 92만 6,000원 수령

금융위원회에서 공시가 9억 원으로 기준을 완화하여, 약 12만 가구가 혜택을 볼 수 있을 것으로 보인다. 가입 대상이 확대된다고 연금액이 늘어나는 것은 아니다. 시가 9억 원 이상 주택을 담보로 주택연금에 가입하더라도 지급액은 시가 9억 원을 기준으로 제한한다.

2. 집값이 오르면 월 지급금도 더 받을까?

집값이 오르더라도 처음 정해진 금액만큼만 받을 수 있다. 중도해지 후 재가입을 할 때도 고려해야 할 사항이 있다. 집값이 올랐을 경우, 해지일로부터 3년 동안 같은 주택을 담보로 재가입이 불가하다. 3년 뒤 집값이 공시가 9억 원을 넘을 경우, 주택연금 가입이 불가능하다. 가입 당시 주택 가격

의 1.5%를 초기 보증료로 부담해야 하며, 중도해지 시 돌려받을 수 없다. 재가입 시 다시 수수료 납부를 해야 한다.

3. 주거용 오피스텔을 담보로 주택연금에 가입할 수 있는가?

주택 유형 및 지급 방식	종신 방식/대출상환 방식/우대 방식	확정기간 방식
일반주택	가입 가능	
노인복지주택(지자체에 신고된 주택에 한함)	가입 가능	가입 불가
복합용도주택(상가와 주택이 같이 있는 건물)	가입 가능 (단 등기사항증명서상 주택이 차지하는 면적이 1/2 이상)	

▌주거목적 오피스텔

(종신지급방식, 정액형)   (단위: 천원)

구분	주택 가격											
	1억원	2억원	3억원	4억원	5억원	6억원	7억원	8억원	9억원	10억원	11억원	12억원
50세	82	165	248	330	413	496	579	661	744	827	910	992
55세	112	225	338	450	563	676	788	901	1,014	1,126	1,239	1,352
60세	155	311	467	622	778	934	1,090	1,245	1,401	1,557	1,712	1,868
65세	193	387	581	775	969	1,163	1,356	1,550	1,744	1,938	2,132	2,326
70세	244	488	732	976	1,220	1,464	1,708	1,953	2,197	2,441	2,685	2,736

| 75세 | 312 | 625 | 938 | 1,250 | 1,563 | 1,876 | 2,188 | 2,501 | 2,814 | 2,955 | 2,955 | 2,955 |
| 80세 | 410 | 820 | 1,230 | 1,640 | 2,050 | 2,460 | 2,870 | 3,280 | 3,290 | 3,290 | 3,290 | 3,290 |

* 예시 : 70세(부부 중 연소자 기준), 3억원 주택 기준으로 매월 73만 2,000원 수령

2020년 11월 개정 법안에 따르면 주거용 오피스텔도 주택연금에 가입할 수 있게 된다. 2019년 말 기준, 주거용 오피스텔 소유자 가운데 고령층 4만 6,000 가구가 주택연금 가입 가능하다. 노인복지주택 또한 주택연금 가입 대상이 되며 수령액은 아래와 같다.

▌ 노인복지주택

(종신지급방식. 정액형)   (단위: 천원)

구분	주택 가격											
	1억원	2억원	3억원	4억원	5억원	6억원	7억원	8억원	9억원	10억원	11억원	12억원
50세	93	186	279	372	465	558	651	745	838	931	1,024	1,117
55세	125	250	375	501	626	751	877	1,002	1,127	1,253	1,378	1,503
60세	171	342	513	685	856	1,027	1,199	1,370	1,541	1,712	1,884	2,055
65세	210	421	631	842	1,052	1,263	1,473	1,684	1,894	2,105	2,315	2,526
70세	261	523	785	1,046	1,308	1,570	1,831	2,093	2,355	2,616	2,743	2,743
75세	331	663	994	1,326	1,657	1,989	2,320	2,652	2,960	2,960	2,960	2,960
80세	429	859	1,288	1,718	2,148	2,577	3,007	3,294	3,294	3,294	3,294	3,294

* 예시 : 70세(부부 중 연소자 기준), 3억원 주택 기준으로 매월 78만 5,000원 수령

4. 전세나 월세를 주고 있는 사람이 주택연금에 가입할 수 있나?

실제 거주해야 가입할 수 있고 선순위 담보권자나 세입자가 없어야 가능하다. 전월세를 주고 있는 경우 주택연금이 불가능하다. 다만 부부 또는 부부 중 한 사람이 실제 거주하며 보증금 없이 주택 일부만을 월세로 주고 있는 경우 가입이 가능하다. 보증금이 있으면, 해당 보증금을 주택연금으로 먼저 반환하는 조건을 통해 가입할 수 있다. 2020년 11월 개정 법안에 따라 주택 일부를 전세로 준 단독/다가구주택 보유자도 주택연금에 가입할 수 있다. 즉 가입 주택에 대해 부분 임대가 허용된다.

5. 대출금리, 이자는 어떻게 결정되는가?

주택연금은 주택을 담보로 연금 형태의 대출 받는 제도이므로 이자와 수수료가 발생한다. 변동금리가 적용되는데 CD금리+1.1%, COFIX+0.85%중 본인에게 유리한 것을 선택하면 된다. 수수료는 초기 보증료와 연 보증료가 있는데 가입비(초기 보증료)는 집값의 1.5%이다. 계산 후 부채로 올려놓았다가 한 번에 상환하는 것이다.

초기 보증료를 받는 이유는 운영사 측에서 종신 지급의 리스크 관리 차원이다. 그리고 집값 하락에 대한 대비 차원이다. 연 보증료는 부채 잔액에 연금 지급 총액의 0.75%(0.75%를 매달 나눠 부과)를 계산해 놓았다가 나중에 한 번에 상환하는 조건이다. 이자와 수수료를 계산만 해놓은 다음 나중에 주택 배우자, 소유자가 전부 사망하면 함께 상환하는 조건이다. 주택연금 가입 첫 번째 달은 월 지급금과 초기 보증료와 개별 인출금에 대한 한 달 치 연 보증료까지 합한 금액이 대출 잔액에 포함된다. 두 번째 달은 첫 번째 달의 대출 잔액과 이번 달 월 지급금과 개별 인출금, 연 보증료, 첫 번째 달 대출 잔액의 이자까지 합한 금액이 대출 잔액이 된다. 월복리 방식의 이자라 이해하면 된다.

6. 이용 도중 언제든지 별도의 수수료 없이 이자를 중도 상환할 수 있다

중도 상환은 본인과 배우자가 언제든지 상환할 수 있게 되어 있으며 마지막에 모두 사망 시 상속인이 처분 후 상환하는 방법, 주택금융공사에 경매 형태로 처분하는 방법도 있다. 주택 처분 금액과 대출 잔액 중 연금 지급 총액이 많으면 부족해도 더 청구하지 않는다. 주택 처분 금액이 연금 지급 총액보다 많으면 남은 부분은 상속인에게 상속된다. 주택연금 가입 시 이자 부담 및 여러 사항들을 고려하여 가입 시기

조정이 필요하다.

7. 부부가 모두 사망할 때까지 받을 수 있다

단 두 가지 조건이 필요하다. 주택연금 채무 인수를 6개월 이내에 해야 한다. 주택이 공동소유일 경우 주택연금을 받을 수 없다. 배우자 단독명의로 6개월 이내 변경해야 주택연금 수령이 가능하다. 상속 과정에서 보면 황혼 이혼, 재혼 등 다양한 이유로 문제가 발생하는 때도 있다. 수익자를 주택 소유자와 배우자로 지정하면, 주택 소유자가 먼저 사망하더라도 연금 수급권이 배우자에게 자동 승계된다.

8. 주택연금 압류할 수 있는가?

주택연금 및 국민연금, 공무원연금, 군인연금, 사학연금 등은 안심 통장으로 들어오는 돈 185만 원 한도 내에서는 압류가 불가하다. 주택연금 전용 압류방지 통장인 '주택연금 지킴이 통장'은 월 지급금 중 민법상 최저 생계비에 해당하는 185만원까지만 입금이 가능하며, 입금된 금액에 대해 압류가 금지된다. 모든 주택연금 가입자는 이 통장을 통해 최저 생계비를 확보할 수 있다.

나의 재정 상황에 맞게 주택연금 가입 시기와 선택 여부를 신중하게 검토하자. 주택연금은 나라에서 개인의 안정된 삶의 영위를 목적으로 운영하는 제도이다. 한국주택금융공사와 은행권의 협의를 통해 나라에서 일정의 책임을 지고 지원해 주는 정책이니, 적절히 활용할 것을 추천한다.

50대 부동산 투자 팁

최근 부동산 가격 상승으로 인해 주택연금 가입자가 늘었다는 기사가 나오고 있다. 노후에 주택연금은 어떻게 활용하느냐에 따라 효과가 크게 차이가 난다. 미리미리 준비하여 안정된 노후 생활을 위한 방편으로 삼길 바란다.

8
50대가 가장 많이 놓치는
투자의 원칙

　내 집 마련이라고 하면, 꼭 그곳에 가서 실거주해야 한다고 생각하는 분들이 많다. 어떻게 인테리어를 하고 어떻게 집을 꾸밀지 집을 사는 순간부터 분주해진다. 더욱이 50대에 집을 사게 되면 거기에 눌러앉을 생각부터 한다. 집이 한 채 있는 사람이 상급지로 갈아탈 때도 마찬가지다. 그러나 그곳에 들어갈 생각을 하게 되면 선택이 제한된다.

　60세 P씨는 2년 전에 은퇴하고 서울 강북구 단독주택에 거주하고 있었다. 매입 당시 4억 원이었는데 최근 집값이 많이 올라 12억 원을 형성하고 있다. 지가가 계속 상승하고 있으므로 앞으로도 보유하면 계속 지가가 오를 거라 기대하는 중이다. 그러면서도 불편한 주거 환경과 은퇴 후의 생활비 여건에 고민이 떠나지 않는 상태였다.

집을 매도하자니 집값 오를 생각에 아깝고, 그렇다고 수입이 없는 상태에서 생활을 지속하는 것 또한 답은 아닌 듯했다. 2층을 임대하여 임대 보증금 1,000만 원에 월 60만 원을 받고 있는데, 생활비로는 많이 부족한 상태였다. P씨는 조언을 받아 단독주택을 팔고 신림동에 5억 원 아파트를 매입했다. 주택에서 느끼는 불편함이 해소되어 일상이 한결 편안해졌다. 여기서 남은 7억 원을 영등포 지식형 산업센터에 투자하여 월 400만 원이 나오는 현금흐름을 만들었다.

은퇴 후 가장 큰 고민은 집 문제와 현금흐름이다. P씨 같은 경우 전문가의 도움을 받아 주거 환경을 바꾼 후 삶의 질이 향상되었다. 주택의 인프라와 아파트의 인프라는 많은 차이가 있다. 엘리베이터 이용으로 무릎에 무리를 주지 않을뿐더러 겨울에 외풍과 여름의 무더위로부터 건강을 보호할 수 있다. 게다가 매달 생활비 걱정을 하지 않고 육체적인 노동 없이 임대소득만으로도 생활이 가능해지니 경제활동 하던 시절보다 삶의 만족감이 높아졌다. 오히려 은퇴 후 더 여유 있고 안정된 삶을 살고 있다.

지인 52세 O씨는 성수동 쌍용아파트 25평을 2019년 12월 매수했다. 집이 좁아 가양동 34평으로 옮길 것을 고민하다가 성수동 집을 임대 주고 가양동으로 거주를 옮겼다. 즉 투자와 거주를 분리한 것이다. 투자의 원칙은, 저렴한 지역에 거주하면서 미래 가치가 높은 곳에 투자를 하는 것이다. 투자는 오를 만한 곳에 하고 거주는 생활 여건에 맞는 곳에 해서 거주와 투자를 분리해야 한다.

경제활동을 할 때는 도심에 살아야 할 이유가 있지만, 은퇴 전후로는 외곽에 거주함으로써 투자금 확보로 재투자의 기회를 얻는 것이 좋은 방법이다. 자산이 부족하여 투자금을 더 불려야 하는 경우일수록 이러한 방법이 필요하다. 이렇게 거주와 투자를 분리할 경우 거주 비용이 줄어드는데 집의 환경이나 넓이가 더 넓어지니 아무래도 삶이 더 여유로워진다.

42세 A씨는 2010년 결혼 후 봉천동 빌라에서 전세 9,000만 원에 신혼을 시작하고 2014년 경기도권 아파트를 분양받아 입주했다. 당시 분양가는 3억 원이었다. 3년 거주

후 이 집을 3억 7,000에 전세로 임대하고, A씨는 2억 원의 전세로 이사를 한다.

그때 생긴 차액으로 서울에 전세 끼고 5년 후 살 집을 마련했는데 그 집은 세 배로 뛰었다. 이런 방식으로 자산을 일으키는 경우는 얼마든지 있다.

은퇴 후 서울 강남권의 33평형 아파트에 살던 L씨는 최근 수도권에 작은 새 아파트 전세를 구해 이사했다. 경제 소득이 없는 은퇴자가 비싼 아파트를 깔고 사는 것은 비경제적이란 생각이 들어서이다. 강남의 아파트는 팔지 않고 반전세로 임대했다.

현재 세 사는 아파트는 산자락 아래 있는 곳으로 공기가 좋아 산책도 즐기며 만족스럽게 생활하고 있다. 임대 수익으로 생활비를 일정 부분 충당할 수 있어 이사하길 참 잘했다고 생각한다. 주거비도 아끼고 임대 소득도 챙기는 합리적인 전략이 아닐 수 없다. 이처럼 노후에 거주와 투자를 분리하는 방법은 좋은 대안이다.

임대가 잘 나가는 곳은 젊은이들의 통근이 쉬운 직주근접형 도심과 역세권이다. 임대 수요가 풍부한 도심은 부동산 보유 가치가 높으므로 특별한 일이 아닌 이상 보유하고, 임대를 통해 은퇴 후 공기 좋은 곳에서 삶의 질을 높이는 것 또한 괜찮은 선택이다.

투자에 익숙지 않은 은퇴자들이 주거와 투자를 분리하기가 쉽지는 않다. 기존 주거 지역에 생활 인프라가 형성되어 있기 때문이다. 적지 않은 나이에 새로운 곳에 가서 적응하기란 성격에 따라서 어렵게 느껴질 수 있다. 그런데도 분리를 해야 할 상황이면 과감한 결단을 내려야 한다. 이제는 우선순위에 따라 꼭 필요한 것부터 챙겨야 할 때다.

50대 부동산 투자 팁

은퇴 즈음에 단독주택 하나 이외에 생활 소득이 없다면 주거를 분리하여 임대 소득이 발생할 수 있도록 자산을 재편집하고, 아파트 한 채를 소유하고 있다면 크기나 지역을 옮겨서 현금흐름을 만들어 현실적인 생활 방편이 될 수 있도록 포트폴리오를 재구성할 것을 염두에 두기 바란다.

　　　　　　　　　　50에 시작해도 늦지 않은 부동산 투자

9

오피스텔 투자,
50대는 이렇게 해야 한다

　B씨는 2019년 고양시 도내동 원흥퍼스트푸르지오 1.5 룸 오피스텔을 1억 7,100만 원에 분양받았다. 평소 월세 나오는 부동산은 필요하다는 생각을 하던 차, 지인 따라 방문한 분양사무실에서 설명을 듣고 계약을 했다. 여러 개를 추천받았으나 하나만 선택했는데 시간이 지날수록 잘한 것인지 걱정과 염려가 된다며 나에게 상담을 요청했다.

　B씨가 분양받은 오피스텔 주변은 창릉신도시로 많은 물량이 계획되어 있어서 공급의 영향을 받을 수밖에 없는 위치

이다. 고양시 덕양구 도내동은 직장이 없고 공급 물량이 많아 투자가치가 떨어진다. 일자리와 교통이 좋은 곳에 투자해야 공실률 없이 월세를 받을 수 있으며 시세 차익까지 얻을 수 있다. 요즈음 오피스텔에 관한 관심이 높은데 중심 권역에 신축을 권하며 10년 이내 매도 전략을 짜야 한다.

　오피스텔은 아파트와는 달리 시간에 따른 감가상각이 빠르게 진행된다. 오피스텔 투자의 성공 포인트는 도심 업무지구와의 접근성이다. 주변 일자리와 거리가 있다 해도 교통이 좋으면 투자가치가 높다. 그러나 신도시에 아무리 환경 좋고 옵션이 좋아도 일자리와의 접근성이 떨어지면 투자하면 안된다. 반대로 구시가지이며 구축인데도 업무지와 접근성이 좋고 일자리가 풍부한 곳은 투자가치가 좋다.

　아파트, 다세대, 도시형생활주택, 오피스텔 등 모두 주택에 들어간다. 크기와 입지는 조금씩 다르지만, 모두 주택의 형태다. 요즈음 1~2인 가구가 폭발적으로 증가하고 있으므로 소형 주택의 수요가 높다. 투자 시 유의할 점을 살펴보자.

　월세 수익과 시세 차익 두 가지 목적에 모두 부합하는 오피스텔을 찾는다고 하지만 그래도 월세 수익 비중이 높은 부동산임을 인지해야 한다. 그러다 보니 아파트보다 시세 차익은 미미하다.

2021년에 오피스텔이 떴던 이유가 있다. 보유 주택 수와 상관없이 취득세가 4.6%인 데다가 주택임대사업자 등록 시 오피스텔 취득세 85% 감면 혜택이 있다. 아파트에 비하면 세금에서 자유롭고 대출도 쉽다는 점 때문에 관심 받는 투자 상품으로 떠올랐다. 청약 시 주택 수에서 배제가 된다는 장점까지 있어서, 최근 자녀 명의 투자가 급증하고 있다.

하지만 앞으로 신규 분양하는 오피스텔에 대해 LTV 규제가 적용되면서 신규 분양 대신 이미 분양한 오피스텔로 수요자들이 대거 몰릴 것으로 예상한다. 규제 시행 전 입주자 모집 공고가 이뤄진 곳들은 여전히 규제에서 벗어났기 때문에 풍선 효과를 받을 것이다. 실제로 2021년 5월 17일 대출 규제 시행 직후 남은 잔여 물량은 빠르게 소진됐다. 아파트 시장은 규제가 한층 강력하기 때문에, 대체 상품으로서 오피스텔을 선호하는 수요는 여전할 것으로 예상된다.

오피스텔은 아파트 가격 대비 저평가되어 있고 아파트 전세 난민의 대체 수요가 많다. 전세를 활용한 소액 투자가 가능해서 현재는 소액 갭투자 물건들이 소멸되는 상황이다. 향후 오피스텔은 전세가 상승보다 분양가 상승이 더 높을 것으로 보인다. 따라서 앞으로는 소액 갭투자가 힘들어지는 상황이 될 것이다. 토지 가격, 인건비, 자재 가격 상승 등이 분양에 영향을 미칠 수밖에 없다. 게다가 공급 토지 부족으로 분양 물량이 많이 감소하는 상황이다. 도심 내 주거 시설에 대한 수요 대비 공급은 앞으로도 계속 부족할 듯하다.

오피스텔 투자 전략으로, 수익형은 원룸이 적합하고 시세 차익형은 투룸이 적합하다. 여유 자금이 있다면 지역별로 분산투자하는 것을 추천한다. 지금은 종부세 때문에 한 사람당 4~6채가 한계다. 그 이상은 종부세 9억 원에 걸린다. 한 채당 기준시가 2억 원만 잡아도 5채 이상은 세금에 걸린다. 물론 종부세를 내더라도 추가 수익을 낼 수 있다. 시세 차익은 1,000만~3,000만 원 정도가 평균적이다.

예를 들어 매매가 3억, 전세가 2억 7,000만 원 오피스텔이 1년 후 3억 3,000만 원 시세 형성을 했다면 3,000 투자하여 3,000만 원이 오른 100% 수익인 것이다. 이렇듯 소액으로 높은 수익을 올리는 것이 오피스텔 투자의 매력이다.

오피스텔 투자 시 가장 중요한 것이 공실률이다. 공실 기간이 길어지면 임대 수익에 차질이 생기는 것은 물론 관리비까지 부담해야 하므로 손해로 이어질 수 있다. 공실이 적기 위해서는 임대 수요가 풍부하고, 세입자의 교체가 빈번하게 이뤄지지 않는 주택이 좋다. 매년 세입자가 바뀌게 되면 그만큼 중개수수료가 많이 들 수밖에 없다.

공실률이 적은 입지로 대표적인 곳이 산업단지나 업무지구 인근 오피스텔이다. 편의시설과 교통망이 갖춰져 있는 곳이 선호도가 높다. 또한, 업무지구는 직장인들의 수요가 받쳐주고 있어 비싼 월세에도 쉽게 임대인을 구할 수 있다. 국제신도시는 계획된 도시이기 때문에, 교통, 교육, 상업 시설이 두루 갖춰져 있는 장점이 있다. 일반 신도시와 비교해 개발 호재가 풍부하고 자족 기능까지 잘 갖춰져 있다. 또한, 외국 기업들이 많이 입주해 있어서 외국인 임대 수요를 누릴 수 있다. 외국인의 경우 보증금 없이 연세로 선납하는 형식의 임대가 이루어지기 때문에 안정적인 임대 수익률을 바라볼 수 있다. 또한, 외국인들은 중대형 주택을 선호하는 경향이 있어 임대인들에게 인기가 높다.

대학가와 행정타운, 법조타운 또한 공실률이 낮다. 법조타운의 경우에는 변호사, 법무사 등 고소득 전문직 종사자들의 수요를 기대할 수 있다.

역세권은 오피스텔 투자에 있어 대표적인 투자 유망지이다. 지하철 주변은 대중교통이 잘 갖춰져 있으므로 출퇴근이 편리하고 역 주변에 형성된 여가 문화 시설 덕분에 임차인들의 주거 만족도가 높다. 따라서 임차인을 구하기 쉽고 공실률 또한 낮다. 불황기에도 임대료의 하락 위험이 적어 입지, 상품성을 이해하고 적정 가격을 도출할 수 있으면 누구나 쉽게 오피스텔로 수익을 낼 수 있다.

서울, 경기뿐 아니라 전국 어디든 유망 오피스텔이 많다. 그러나 아파트만큼 평준화되어 있진 않으므로 세심한 주의는 필요하다. 충분한 공부가 되어 있지 않은 상태에서 분위기에 휩쓸려 투자하는 오류를 범하지 않길 바란다. 그야말로 대체재는 실거주형 주택이 공급되면 힘을 받지 못할 수밖에 없다. 대체재로 대체될 수 없는 부동산이 베스트이다. 물건에 대한 정확한 특징과 입지와 상품성 그리고 시장조사에 따른 시세 변화를 체크해야 함을 잊지 말기 바란다.

50대 부동산 투자 팁

신도시의 오피스텔은 주의를 요구한다. 아직 교통 등의 기반시설이 완성된 것이 아니며 직장도 많지가 않다. 수익형 상품은 교통과 일자리가

298   50에 시작해도 늦지 않은 부동산 투자

가장 중요하며, 그다음으로 따져볼 것이 편의시설이다. 신도시가 자족 기능으로 안정된 상권으로 갖추어지는 시간은 10~13년 정도 소요된다는 것을 염두에 두고서 접근해야 실패가 없다.

10

50대는 상가를 고를 때
이 기준만 보면 된다

55세 E씨는 인천 가좌 시장에서 야채 장사를 하고 있었다. 시장 매출뿐 아니라 구내식당, 현장 식당 등으로 식료품을 납품하여 매출을 키워나갔다. 5년 정도 시간이 흐르고 이 일을 언제까지나 지속할 수 없다는 생각에 투자를 결심했다. 그렇게 선택한 물건이 인천 논현동 토지 200평이었다. 2013년이었던 당시, 자금이 넉넉지 않아 주거래 은행을 통해 대출을 받았다. 200평 토지 가격 2억에 대해 90%의 대출이 나왔고 실투자금은 2,000만 원이 들었다. 얼마 후 운

좋게도 인천 논현지구 택지를 개발하면서 땅이 수용되어 상가주택 소유권을 받게 되었다. 이후 기반설비 설치 비용을 분담하고 땅 소유주들끼리 추첨으로 자리를 선정한 다음 건물을 신축할 수 있었다.

E씨는 상하수도 제반 비용 3억 8,000만 원을 뺀 건축비 5억 원을 대출받아 대지면적 78평에 4층 건물을 지었다. 주인은 4층에서 살며 1~3층은 상가로 임대를 마쳤다. 건물 짓기 전에 임차인이 맞추어졌고 완공 후에는 1층 상가에서만 전체 임대료의 60%가 나온다고 한다. 5년 임대 후 투자비용을 다 회수하고 그 뒤부터는 고스란히 황금알을 낳은 거위가 되어서 매달 780만 원씩 현금흐름이 발생한다. 지금은 60~70평 아파트 사는 친구가 하나도 부럽지 않다고 한다. 최근에는 부동산에서 매도 의사가 없냐며 전화가 오곤 하는데 그럴 때면 이런 물건을 사야 할 시점에 왜 매도하냐고 맞받아친다. 지금 그 건물은 3~4배가 올랐다.

부동산은 이런 위력이 있다. 현금흐름을 일으키면서 물가상승분 이상으로 자산 가치를 높여주는 힘 말이다. 그래서 실물 자산으로 자산을 증식하며 현금 시스템을 만들어야 한다는 얘기다. E씨는 자녀를 둔 남매에게도 집 한 채씩 사주었고 손주들에게도 최고의 할머니로 통한다. 몸이 덜 힘든 일을 하고 싶다는 평소 생각으로 시작한 투자가 완벽한 노후 대책으로 이어진 경우다.

상가와 주택에서 나오는 월세 수입은 상가주택의 무엇보다 큰 매력이다. LH에서 분양하는 택지로 신축을 직접 하는 예도 있고, 분양받은 토지를 프리미엄 주고 사서 신축하는 경우도 있다. 물론 이미 신축한 건물을 매입할 수도 있다. 어떤 단계의 물건을 매입하느냐에 따라 자기 자본 투입액에 차이는 있다. 직접 신축하는 경우가 가장 돈이 적게 들지만 대부분 이미 준공된 것을 매입하는 경우이다. 상가주택 매매를 위한 팁은 다음과 같다.

첫째, 아파트보다 단독주택들은 노후화 진행이 빠르므로 초보일수록 신축을 매입하라고 권하고 싶다. 구축을 매입할 경우 임대가 익숙지 않은 상태에서 하자보수며 유지관리에 수리비로 목돈 지출이 빈번하여 임대료에 대한 수익을 못 볼 수 있다.

둘째, 상가에서 나오는 월세를 확인하라. 1층 상가에서 대부분 임대료의 60% 이상이 나온다. 가장 높은 1층 상가의 위치가 중심도로의 정면 코너 자리인지 후면 구석진 자리인지에 따라 점포의 월세 수준은 큰 차이를 보인다. 이왕이

50에 시작해도 늦지 않은 부동산 투자

면 대로변에 점포가 있는 것이 좋으며, 택지의 가격도 비싸기 때문에 건물 가격도 동반 상승한다. 될 수 있으면 비싸더라도 좋은 위치의 물건을 고르는 것을 추천하다.

셋째, 가구 수가 많은 것은 피하라. 가구 수가 많으면 월세가 많으니 좋을 것 같지만 상가주택은 투룸과 쓰리룸만으로 배치되어서 가구 수가 많지 않은 건물이 좋다. 사람들이 많이 모여 살수록 사건사고도 많은 법이다.

넷째, 과도한 지렛대에 유의해야 한다. 담보대출과 임차보증금으로 목돈 없이 살 수 있을지라도 임대차 만기는 생각보다 빨리 돌아온다. 임대차보증금 반환금에 대한 재원을 충분히 마련할 수 있는가를 여유 있게 고려해야 한다.

P씨는 은퇴 후 상가주택을 염두에 두고 몇 개월 동안 물건을 보러 다녔다. 마침 마음에 드는 건물을 발견하고 매수하려던 참에 결정적인 하자가 있어 매수를 포기했다. 중랑구 대지 47평 3층 건물이었다. 건축 연도는 1983년도였다. 1층 근린생활, 2층 근린생활, 3층 주택 바닥면적 33평이었다. 매매 가격 16억 원, 보증금 2억 원에 월세 520만 원이었다. 대출 6억 원에 금리 3.4%였고 이자는 월 170만 원이 나갔다. 실투자금은 8억 원, 임대 수입 월 350만 원이었다. 투자

수익률 5.2%이다.

이 상가주택의 장점은 많았다. 첫째, 수익률이 나쁘지 않았다. 둘째, 10년 전 리모델링한 건물이었다. 셋째, 코너 자리에 위치했다. 넷째, 오랫동안 공실 없었다. 이렇게 많은 장점이 있는데도 불구하고 매입을 포기한 이유는 신축 시 수익률이 높지 않다는 것이다. 5년, 10년 보유 시 신축에 대한 사업성을 고려할 수밖에 없다.

기존 건물은 대지건물비율 70%로 바닥면적이 33평인데, 신축 건물은 대지건물비율 50%로 줄어 바닥면적이 23평이다. 1층 상가에서 나오는 수익률이 상당히 큰데 신축 시 주차장법이 강화되어서 주차장을 확보해야 한다.

1층 필로티로 주차장이 들어가면 상가주택에서 나오는 수익률이 줄어들고 일조권 사선제한 때문에 건물 4층도 깎이게 된다. 대지가 47평인데 이곳은 원룸보다 투룸의 임대 수요가 훨씬 높다. 다세대주택으로 하기엔 땅이 작고, 다중주택(원룸)으로 하기엔 수요가 적다. 상가주택은 신축 시 사업성을 꼭 확인 후 물건 선택을 해야 하며 30년 이후의 상권이 형성된 곳에 투자하는 것이 바람직하다.

상가주택은 꾸준한 월세 수입과 지가 상승을 동시에 누릴 수 있는 아주 매력적인 부동산이다. 상권의 과거 현재 미래 흐름을 파악하고, 주 동선과 가지 동선을 파악할 때 해당 상가주택이 자리한 위치가 얼마나 가치 있는지 가늠할 수 있다. 상가주택은 일반적인 월세 수익을 위한 원룸주택이나 다가구주택 등과 비교해서는 안 된다.

그만큼 개별성이 강한 것이 상가주택의 특징이다. 무조건 역세권이 아니어도, 유명상권이 아니라도, 동네마다 자연스럽게 생겨난 골목상권이 있다. 동네 한가운데의 오래된 단독주택을 매입 후 용도 변경하여 상가 또는 상가주택으로 사용하는 방법도 있다. 투자 금액 대비 높은 월세 수익과 시세 차익을 동시에 맛볼 수 있다.

50대 부동산 투자 팁

많은 주택을 소유하기보다 몇 채의 주택으로 대출 부담을 줄이고, 세를 놓을 때도 될 수 있는 대로 반전세나 월세 방식으로 전환하여 안전하게 자산을 운용하는 것이 노후에 최고의 방법이다. 이때 지역마다 투자 목표를 다르게 해야 한다. 서울 꼬마빌딩은 시세 차익으로 접근하고 경기와 지방은 임대 수익을 목표로 투자하는 것이 유용해 보인다.

11

수익형 부동산이 꼭 필요하면
이걸 사야 한다

　은퇴 후에도 오랫동안 생활비를 해결해야 하는 상황에서
우리에게 가장 알맞은 부동산이 무엇일까? 내가 살면서 임대
수익을 누리는 다가구주택이 다주택자들에 대한 세금 압박
이 심해지는 때에 더욱 알맞은 집이다.

　부동산 투자에서 가장 중요한 것은 위치다. 부동산을 이
동시키거나 면적을 중과시킬 수 없다. 그래서 투자 시 위치
선정이 중요하고 그다음 어떤 물건에 투자하느냐를 생각해
야 한다. 다가구주택은 개별분양이 불가능해서 건축법상으로

는 단독주택으로 분류된다. 한편, 소득세법상(양도소득세)은 공동주택이나 예외적으로 단독주택으로 간주하여 1주택일 경우 매매 금액 12억 이하까지는 비과세 혜택이 있다.

다가구주택 비과세 요건 첫 번째는 주택의 전체 면적이 $660\,m^2$(약 200평) 이하, 두 번째는 독립된 주거 공간의 호수가 19호 이하, 세 번째는 주택으로 사용하는 건물의 층수가 3층 이하다. 이 세 가지 조건을 모두 충족해야 한다.

55세 O씨는 어느 날 출근 후 뇌출혈로 쓰러져 곧바로 응급실로 실려갔다. 운 좋게 생명은 구했으나 몸이 불편해 본의 아니게 은퇴를 하게 됐다. 부인의 아르바이트 수입으로는 생활이 어려웠다. 자녀는 아들 둘이었는데, 학교는 다 마쳤지만 노후 대책은 말할 것도 없고, 당장 경제 활동을 하지 않으면 수입이 끊기는 상황이었다. 자산이라곤 지금 사는 집 한 채가 전부였다. 이 집을 활용하여 투자를 하는 것밖에 다른 대안이 없었다. 아내를 설득하여 집을 처분하고 생활권인 천안 지역에 투자하기로 했다.

2017년 12월 천안에 제2동 일반주거지역 대지 $393\,m^2$ (119평) 건축 전체면적 $659\,m^2$(199평) 건물을 구입했다. 1층은 필로티 주차장이다. 2~3층에 13세대가 살고 4층은 주인

세대가 살도록 되어 있었다. 매매가 19억 원이고, 보증금 7억 9,000만 원, 융자금 8억 5,000만 원이었다. 실투자금 3억 1,000만 원에 월 이자 212만 원을 냈고, 월 수익금 525만 원이었다. 월 순수익은 313만 원이다.

O씨가 가장 염두에 둔 점은 공실률이다. 한 달 한 달 임대료가 생활비인데 공실이 나면 안 되기 때문에 임대 수요를 철저히 체크했다. 주변에 대규모 산업단지와 대학교 여러 곳이 있어서 임차인 수요가 높고 재임대가 잘 이루어진다는 사실을 확인하고 매수를 단행했다. 그리고 건물 노후화도 신경 썼다.

가장 중요하게 생각한 것은 수익형으로 충분히 가치가 있느냐 하는 것이었다. 물론 이 건물이 시세 상승도 가져다주면 좋지만, 최우선이 무엇인지에 초점을 맞추어 선택했다.

부인 생각에는 남편 O씨가 몸도 안 좋은데 너무 무리하는 것은 아닐까 걱정이 이만저만이 아니었는데 전문가에게 수수료를 지급하고 관리를 맡기니 큰 어려움은 없다고 한다. 아파트는 자산을 가지고 있다는 든든한 위안이었다면, 다가구주택은 현금흐름을 통해 실제 생활에 직접 도움을 주는 삶의 발판이라고 이들은 말한다.

은퇴하기 전까지 매년 저축한 돈을 월세나 현금흐름을 취할 수 있는 자산으로 반복적으로 바꿔야 한다. 언제까지 투자해야 할까? 근로로 얻는 고정 수입이 끊길 때까지 계속 해야 한다. 그 기간 안에 비 근로소득이 근로소득을 앞지르 도록 만들어야 한다. 수익형 부동산만이 물가상승률을 방어 할 수 있다. 단, 대출을 받지 않고 내가 가진 자금 범위에서 전세를 낀 채 주택을 산 후 차츰 월세를 바꿔나가는 것이 현명한 전략이다.

앞으로도 물가상승률은 더욱 높아질 것이다. 이를 방어 할 수 있는 것은 실물 자산이며, 실물 자산의 대표는 부동산 이다. 월세를 가져다주는 부동산에 투자하면서 거기에서 나 오는 현금흐름 안에서 지출하며 생활하는 것이 최고의 방법 이다. 수요가 많고 공급이 줄어드는 곳에 투자하는 것이 경제 원리상 가장 합리적이다. 따라서 서민층이 주거하는 부동산에 꾸준히 투자하는 것이 투자의 해법이다.

안정적인 임대 수익을 내는 부동산 조건은 도심에 있는 주택으로, 가까이 병원이 있어야 하고, 각종 편의시설을 이 용할 수 있어야 한다. 또한 소형 주택으로 생활비와 관리비 가 적게 들어야 하고 지하철 역세권이라면 가장 좋다. 모두 가 경기가 좋지 않다고 말할 때가 저렴한 매물들이 많이 나오는 매입의 적기이다. 세계적인 금융위기가 오면 금리가 오르고 그 이후 지속해서 하락하는 것이 일반적이다. 이때 전세가율이 높은 아파트가 투자가치가 높다. 전세가가 높다는 것은 임대가 잘 나간다는 방증이다. 대기업의 공단이 들어선다는 뉴스는 주목해야 한다. 아산병원, 삼성병원, 서울대병원 등 그 지역에 병원을 크게 증축하거나 신축한다는 뉴스는 살펴봐야 한다.

최근 청라에 아산병원, 송도에 세브란스병원이 들어선다는 뉴스 보도 후에 인천 송도와 청라의 부동산 시장은 큰 폭으로 상승했다. 창동에 서울대병원도 창동 지역에 엄청난 이슈를 몰고 오면서 부동산 시장은 바로 반응을 보였다. 창동은 호재가 많은 곳인데 서울대병원까지 설립한다니 그야말로 뜨거워도 너무 뜨거웠다. 이렇듯 부동산은 살아 있는 생물 같아서 이슈와 뉴스와 호재로 크는 실물 경제이다. 부동산 정보는 여러 매체를 통해서만 있는 것이 아니라 현장에 답이 있다.

그러므로 임장은 필수이며 호재에 따른 향후 변화나 인구 유입, 주변 산업시설, 교통, 학군 등을 살펴봐야 한다. 서울이나 수도권이 아닌 지방이라고 해도 그 지역에 좋은 직장이 들어서게 되면 인구는 유입된다. 따라서 소형 주택에 대한 수요가 늘어날 수밖에 없다. 한 지역에 좋은 직장이 들어오게 되면 직장인들이 그 지역의 가장 큰 도시에서 주거할 곳을 찾을 가능성이 크다. 유치원과 학교, 병원 등 생활편의 시설이 필요하기 때문이다.

임대 수요가 풍부한 곳에 임대 사업을 해야 임대료를 공실률 없이 안정적으로 일으킬 수 있으므로, 임대 부동산을 고를 때도 충분히 검토 후 의사결정 하길 바란다. 수익률이 높으면 지가 상승에 따른 매매가도 오를뿐더러 임대료도 물가 상승분을 자연스럽게 인상해서 받을 수 있으므로 방의 개수보다 입지의 선택이 부동산에 최우선임을 잊지 말기 바란다.

50대 부동산 투자 팁

임대 사업의 가장 중요한 점검 사항은 공실률이다. 한두 달 공실이 발생하면 부대비용과 생활비를 감당하기 부담스러워질 수 있다. 공실률

을 최소화하기 위해 주변 인프라와 교통, 일자리가 갖추어져 있는 곳의
임대 물건을 주목하길 바란다.

12

50대는 절대 잃지 않고 자산을 불려야 한다

　흔히들 50대가 되면 부동산을 정리하고 현금을 확보하라고 한다. 위험성이 크다는 말도 한다. 물론이다. 부동산 투자에는 큰돈이 들어간다. 자칫 잘못하면 그만큼 큰 손해를 보게 된다. 그래서 공부가 필요하다는 것이다. 공부가 부족하면 귀가 얇아지고, 무턱대고 큰돈을 어딘가에 투자하게 된다. 그러다가 노후에 쓸 돈마저 잃게 된다. 하지만 노후를 곧 맞이하게 될 일반인이 경제적 문제를 해결하기 위해서 가장 쉽게 접근할 수 있는 것이 월세 나오는 부동산이다. 충분히 공부한 후 현명하게 투자한다면 그 어떤 현금흐름보다도 안정적인 수익을 창출할 수 있다.

　자영업자 E씨는 2010년 택지지구에 주택이 수용되면서 근린상가에 대토(여기서 대토란 택지개발 등으로 사업이 조성되는 경우 토지 소유자의 의사에 따라 받은 주택용지 또는 상가부지를 의미한다)를 받아 3억 2,000만 원을 주고 매입하게 된다. 물론 상가 위치는 추첨제였다.

　도로변 코너 자리로 배정받자마자 부동산중개인이 프리미엄 5억 원에 매도하라고 권했다. 하지만 E씨는 건축비 5억 원을 들여 2011년에 72평 4층 건물을 신축했다. 건물은 64평으로 4층 주인 세대에서 32평 실거주를 했다. 1층 3개 점포에는 정육점, 분식집, 과일가게가 들어왔고 2~3층은 학원이 입점했다. E씨는 1~3층에서 보증금 2억 원에 월 임대료 900만 원을 받는다. 원래는 1,000만 원이었으나 코로나19로 인해 감액해준 임대료다. 초기 투입 금액 3억 2,000만 원, 건축비 5억 원이었다. 10년이 넘은 이 건물의 시세는 35억 원을 형성하고 있다.

　물론 누구나 E씨처럼 대토를 받기란 쉽지가 않다. 그렇다면 LH에서 토지 분양할 때 청약하면 된다. 청약이 되면 프리미엄을 받고 매도할 수도 있고, 신축하여 월세 수익형으로 노후 보장에 활용할 수 있다. 실거주와 월세 수입까지 일거 양득이다.

최근 들어 서울에 붉은 벽돌집이 없어 못 살 정도이다. 다 이유가 있다. 5년 임대료로 건축비가 해소되고, 그다음부터 는 고스란히 황금알을 낳는 거위가 되기 때문이다. 노후에 월세 나오는 현금흐름, 정말 중요한 문제다. 누구나 피해갈 수 없고 맞닥뜨려야 하는 현실이다. 이 문제를 어떻게 풀어 가느냐가 50 이후의 삶의 질을 결정할 것이다.

그런데 50대가 되어 퇴직금으로 무턱대고 상가나 오피 스텔에 투자했다가는 큰코 다칠 수 있다. 공실이 길어질 수 도 있고, 더러 월세가 잘 안 들어올 수도 있기 때문이다. 월 세 받는 부동산 투자를 하기 위해서는 발품을 팔아야 한다.

예를 들어 다가구주택 매입 시 직장, 학교, 교통이 가까 운 곳이 공실률이 떨어진다. 발품 팔지 않고 대충 보고서 판 단할 수는 없다. 역과는 얼마나 멀리 떨어졌는지, 주변에 회 사가 많이 있는지 등 상세히 살펴봐야 한다. 더블역세권이나 교통의 요지에 있는 원룸이나 다가구주택은 임차인 관리에 중요한 요소다. 다가구주택을 매매할 때 주의점은 신축 매입 시 좋은 가격으로 임차인을 들일 수 있다는 것이다. 그러나

10~20년 정도 지나면 리모델링을 생각하여 임차인의 수요를 맞춰줄 생각을 고려해야 한다. 그리고 30년이 된 낡은 건축물은 임차인이 꺼리기에 신축을 고려해야 한다.

신축의 다가구주택을 살 때는 여러 가지 많은 물건을 봐야 한다. 같은 입지, 같은 조건의 물건을 많이 본 다음 연면적을 따져보라. 20~35년 정도 된 건물은 땅의 가치가 주목받으며 신축을 고려한다. 그때는 대지 평수가 가격을 결정하는 요소가 된다. 그 밖에도 신축과 준 신축은 연면적의 부피가 커야 임대료를 많이 받을 수 있다.

연면적 한 평당 매매가가 얼마인지 추정하려면 연면적을 매매가로 나눈다. 위의 경우를 예를 들자면 매매가(24억 원)를 연면적(91평)으로 나눈다. 연면적 평당가가 260만 원이 조금 넘는다. 이렇게 연면적 평당가를 계산해보고 동일 조건일 때 가격이 낮은 것을 택한다.

빌딩들도 연면적당 단가로 매매가 이루어진다. 그 외에 건축설계가 나오기까지 도로와의 관계, 입지, 교통, 용도지역 등이 중요하지만 같은 조건의 땅이라면 연면적이 중요하다.

단독주택은 다중주택과 다가구주택으로 나뉜다. 다가구주택은 연면적 $660\,m^2$(200평) 이하이고 층수는 3개 층, 19가구 이하다. 상가주택, 점포주택들이 다가구주택이다. 다가구는 단독주택이어서 가구별로 등기할 수 없으며 한 건물의 소유자가 하나이다. 세입자로서는 전입 신고할 때 호수까지 기재해야 대항력이 생긴다. 그러나 다가구는 주소만 기재해도 대항력을 갖는다. 단독주택과 공동주택의 차이점이다.

다가구주택의 건물은 3층까지만 주택으로 사용할 수 있다. 다가구주택을 보러 갔는데 주택으로 4층까지 사용하고 있다면 3개층 이상은 불법이라는 뜻이다.

2014년 서울 다가구주택 수익률을 조사한 바에 의하면 관악구, 서대문구, 종로, 성북구, 광진구, 동작구 등 비교적 토지 가격이 낮은 곳이 수익률이 높다. 반면 용산, 강남, 서초, 송파 등 비교적 토지 가격이 높은 곳은 수익률이 낮다.

다가구주택을 매입할 때 수익률만 보고 매입하지 말고 미래가치, 토지 가격 상승 부분도 고려해서 미래가치를 같이 보고 투자하는 관점이 굉장히 중요하다. 다가구주택의 장점은 거주와 임대소득을 동시에 실현할 수가 있다는 점이다. 그리고 1세대 1주택자 양도세 혜택이 있다.

또한 지가 상승에 의한 차익 실현을 얻을 수 있다. 은퇴자들이 가장 많이 선호하는 주택형태다. 서울의 경우 2021년 12월 8일부터 1주택 비과세 상향으로 12억 미만의 경우 2년 거주하면 비과세 혜택을 준다. 서울 주택이 대부분 12억

원은 넘겠지만 12억 원을 넘는 부분에 대해서만 세금을 부과하기 때문에 세금 혜택을 받는 것은 장점이다.

단점은 투자수익률이 상대적으로 떨어진다는 점이다. 다중주택보다 1~2% 정도 투자수익률이 낮다. 또한 노후 다가구주택의 하자 관리가 어렵다. 설비나 창틀, 전기, 수도, 가스 등 여러 가지 하자 관리며 목돈이 든다. 취득세가 다세대에 비해 많으며 환금성 측면에서도 다소 불리하다. 금액이 크기 때문이다.

다음은 다가구주택 투자 시 주의사항이다.

첫 번째, 임대 수요와 개발 호재 많은 곳으로 가는 곳이 좋다. 두 번째로는 향후 신축 시 설계가 잘 나오는 곳을 선택한다. 북쪽에 도로가 있고, 코너 자리에 위치해서 설계를 했을 때 잘 나오는 주택을 매입하는 것이 중요하다. 매도 시 땅의 형태가 신축하기에 유리한지에 따라서 그 땅의 가치가 결정된다. 특히 오래된 다가구주택을 매입할 때는 이 부분을 확인하고 매입하는 것이 중요하다.

그다음 건물의 내·외부 하자 사항을 확인한다. 매입 시 확인하지 않으면 매입 후 여러 가지 낭패를 볼 수 있다. 그래서 반드시 건물 내부 외부의 하자를 꼼꼼히 확인해야 한다.

위반 건축 사항이 있는지도 확인해야 한다. 예를 들어 베란다를 불법으로 확장한다든지, 세대수를 늘린다든지, 원래 다가구주택이 3개 층인데 근린생활 부분을 주택으로 개조해서 쓰고 있다든지 하는 위법 사항이 있으면 건물이 위반 건축물로 찍혀 이행강제금을 내게 되는 불이익을 당할 수 있다.

마지막으로 전·월세 시세를 확인해야 한다. 간혹 기존에 맞춰진 임대가가 높게 형성돼있는 경우가 있다. 이 주택을 팔기 위해서 좀 비싸게 맞춰놓고 수익률을 높게 포장하는 것이다. 매입 전 현재 임차인들이 들어 있어도 시세는 어느 정도 되는지, 합리적인 임대료인지를 반드시 확인하고 사는 게 중요하다. 오래된 건물 같은 경우 위반 건축물이 많으므로 해당 시군구청에 가서 미리 확인해야 한다. 건축물상의 가구와 실제 가구의 차이점도 확인한다.

눈여겨볼 만한 다가구주택 지역으로는 구로 가산디지털단지가 있다. 공실률이 적고 월세가 평균적으로 보증금 3,000만 원에 30~80만 원 정도다.

이 지역은 풍부한 업무지역이 받치고 있으므로 공실률이 낮다. 월세도 매매가 대비 나쁘지 않은 수준이다. 공실 없이 유지되는 것이 수익률의 핵심이다. 구로 지역은 노후도도 어느 정도 진행되고 있음을 고려해야 한다. 주변에 개발 호재가 있기는 하지만 다른 지역에 비해 많다고 볼 수는 없다. 하단 쪽으로 내려오면 신안선을 기대할 수 있지만, 독산역과 가산디지털단지와는 거리가 있다 보니 업무를 가져오려면 남구로나 대림을 공략하는 것을 추천한다. 그러기엔 신안선이 거리가 좀 있는 단점이 있다.

여의도와 가까운 영등포뉴타운 주변 지역도 추천할 만하다. 국회의사당까지 이어지는 서부간선도로 지하화 사업이 완료되었고 여의도 직장인 수요가 풍부하다. 월세 수준도 상당히 높으며 남구로보다 공실률이 낮다. 개발되어서 바뀌는 지역이 진입하기 좋은 투자처이다. 영등포구청역 바로 하단 영등포 청과시장과 준공업 지역에 해당하는 아크로타워스 퀘어, 즉 영등포 뉴타운 주변을 주목해보라. 뉴타운이 다 완성되면 개발 호재에 따른 이익까지 겸할 수 있다.

동부 중심도로가 지하화되면 강남의 영동대로까지 바로 이어질 수 있다. 영동대로복합개발과 동부간선도로가 개발되면 강남까지 이어지는 도로교통망이 상당히 좋아진다. 그뿐만 아니라 이 주변 지역이 공원화가 되어 쾌적한 주거 환경과 풍부한 인프라가 형성된다.

이렇게 개발 호재가 있는 지역에 다가구를 매수하는 것이 미래가치 투자 방법이다. 개발 가치와 공실률을 분석하고 주변의 주택 희소성이 유지될 수 있는지를 검토 후 접근하면 좋은 주택 하나로 안정된 노후를 보장받을 수 있다.

50대 부동산 투자 팁

 노후를 곧 맞이하게 될 일반인이 경제적 문제를 해결하기 위해서 가장 쉽게 접근할 수 있는 것이 월세 나오는 부동산이다. 그 어떤 현금흐름보다 부동산으로 노후를 대비하는 사람이 안정적인 삶을 영위하고 있음을 볼 수 있다. 실거주와 월세 수익까지 한번에 해결해주는 똑똑한 한 채로 안정된 노후를 보장받자.

50에 시작해도 늦지 않는 부동산 투자

초판 1쇄 발행 2022년 9월 30일

지은이 태재숙
펴낸이 정덕식, 김재현
펴낸곳 (주)센시오

출판등록 2009년 10월 14일 제300-2009-126호
주소 서울특별시 마포구 성암로 189, 1711호
전화 02-734-0981
팩스 02-333-0081
전자우편 sensio@sensiobook.com

디자인 섬세한 곰

ISBN 979-11-6657-081-0 03320